Le Livre de Poche Jeunesse

SIX FILLES À MARIER

FRANK et ERNESTINE GILBRETH

SIX FILLES À MARIER

Traduit de l'anglais (américain)
par Hélène Commin

À maman, qui méritait mieux.

Avant-propos

Nos parents, Lilian Moller Gilbreth et Frank Bunker Gilbreth, l'un et l'autre ingénieurs, furent les promoteurs de l'étude des mouvements et de l'organisation scientifique du travail. Économie des temps de fabrication, rationalisation des outils et des machines, simplification du geste professionnel, tels étaient les points sur lesquels portèrent leurs recherches.

Lorsqu'en 1924 notre père mourut, maman poursuivit seule l'œuvre entreprise à deux. Et elle réussit à s'imposer dans cette profession d'ingénieur-conseil considérée jusque-là comme inaccessible à une femme.

Mais, dans le même temps, notre mère élevait ses douze enfants, dirigeant sa maison, assurant la sub-

sistance de toute la famille, et tenant à elle seule la place de notre père et la sienne.

Ce livre fait suite à Treize à la douzaine (Cheaper by the dozen). *Il raconte la vie de la famille Gilbreth après la mort de papa. Mais il est avant tout l'histoire de notre mère.*

1

Pour notre père

Notre mère partait pour l'Europe, et nous allions rester seuls à la maison. Ce serait dur, mais maman estimait qu'elle se devait d'accomplir ce voyage. Pour notre père d'abord. Et puis aussi pour nous.

Frank descendit le perron et transporta les valises jusqu'au taxi arrêté devant notre maison. Le chauffeur le regarda.

« C'est vous le fils aîné ? questionna-t-il.

— Oui, j'ai seize ans, répondit Frank.

— Ah ! ce sera bien de la misère pour votre mère, dit l'homme d'un ton apitoyé. Toute seule à présent, avec tant d'enfants... et si jeunes. Quel malheur ! »

Frank garda le silence. Nous le savions déjà, que

la vie serait difficile, aussi n'était-ce pas la peine d'en parler.

« Soyez tranquille, j'installerai moi-même votre mère dans le train avec ses bagages », reprit le chauffeur.

Notre père était mort quelques jours plus tôt, le 14 juin 1924, emporté par une crise cardiaque. Père aimait la méthode et la discipline, et il avait pris l'habitude, lorsqu'il partait en voyage, de nous faire aligner par rang d'âge et de taille. Il avait même attribué à chacun de nous un numéro.

Maman ne poussait pas les choses aussi loin. Cependant, nous nous rangeâmes tous à la porte, selon le cérémonial ordinaire, ainsi que nous l'aurions fait pour notre père.

Anne, l'aînée (elle avait dix-huit ans), était la première de la file, puis venaient Ernestine, Marthe, Frank, Bill, Liliane, Fred, Daniel, Jacques, Bob et enfin Jeanne, la benjamine (deux ans).

Maman sortit du vestibule. Nous n'étions pas encore habitués à la voir en noir et notre cœur se serra. Le visage tendu, pâle sous son voile de deuil, elle semblait terriblement seule. Elle s'immobilisa un instant, grande, mince et belle. Quelques mèches folles de cheveux roux s'échappaient de sa coiffure, seule chose au monde que maman ne fût jamais parvenue à discipliner. Tout le reste de sa silhouette était noir et blanc. Lorsque notre père partait en voyage, il feignait toujours de croire que nous étions ravis de nous débarrasser de lui. En réalité, nous l'adorions, et il le savait. Mais il s'amusait à raconter le bon tour qu'il nous jouerait un jour. « Au lieu de m'en aller, je ferai simplement le tour du pâté de maisons et je reviendrai ici sans crier gare, disait-il. Et qu'est-ce que j'y verrai ? Tout le monde en train de pavoiser, d'accrocher partout des guirlandes et des lampions, de préparer un feu de joie dans le jardin et de fouiller dans mes tiroirs ! »

Comme maman tenait à nous cacher l'émotion qu'elle éprouvait à nous quitter, elle sourit et essaya d'imiter la tactique de notre père.

« Allons, ne me faites pas grise mine, commença-t-elle gaiement. Je ne suis pas dupe : dès que j'aurai tourné les talons, vous vous empresserez de... »

Sa voix se brisa brusquement. Elle ne put achever. Alors elle tendit les bras, et nous autres, rompant les rangs, nous nous précipitâmes vers elle.

Il y eut quelques instants de silence, nous étions incapables de prononcer le moindre mot. Finalement, maman se dégagea de notre étreinte.

« Je vous aime tant, dit-elle, que je n'aurais jamais songé à vous laisser si ce voyage ne me semblait le seul moyen d'assurer notre avenir à tous. Vous le comprenez, n'est-ce pas ? »

Nous connaissions la situation, en effet. Tout l'avoir de notre père ayant été investi dans son affaire, maman avait décidé de gérer celle-ci elle-même. C'était la raison qui l'obligeait à se rendre en Europe, afin de prendre contact avec les relations de papa à l'étranger et de s'assurer leur clientèle. Mais si elle échouait dans son entreprise, il faudrait nous disperser ou bien accepter l'hospitalité de nos grands-parents.

« Ne t'inquiète pas, maman, fit Anne. Je te promets que tout marchera comme sur des roulettes en ton absence !

— J'y compte bien, ma grande », répondit maman.

Quand le taxi démarra, nous avions repris notre formation sur le perron. Maman agitait la main à la portière. Soudain, Liliane, qui n'avait que dix ans, fondit en larmes.

« Maman, je veux partir avec toi, s'écria-t-elle dans ses sanglots. Attends-moi ! »

Anne s'avança vivement et se campa devant elle afin de la masquer aux regards de notre mère.

« Je t'avais défendu de pleurer, gronda-t-elle entre ses dents. Tu sais ce que j'avais dit : "Si l'un de vous fait l'imbécile devant maman, je l'étranglerai !" »

Le ton de ces paroles était si menaçant que la pauvre Liliane frissonna.

« Je ne peux pas m'en empêcher », gémit-elle. Et elle reprit de plus belle : « Maman, maman, reviens ! »

Dès que nous fûmes rentrés à la maison, tout alla beaucoup mieux. Peut-être étaient-ce les adieux que nous avions appréhendés plus encore que l'absence de notre mère ? Ce n'était pas la première fois que celle-ci partait en voyage sans nous et les choses s'étaient toujours bien passées. D'ailleurs, son absence, cette fois-ci, ne durerait qu'un mois. Et chacun de nous songeait à ce qu'il fallait faire pour qu'au retour notre mère fût satisfaite. Une vie nouvelle commençait.

Notre mère s'embarqua le jour même sur le *Cirta,* à destination de l'Angleterre. Elle se rendait d'abord à Londres où père aurait dû faire une conférence. Puis elle irait à Prague. Là se tiendrait, à l'académie Masaryk, le Congrès international d'organisation scientifique du travail, et l'on avait demandé à notre père de présider l'assemblée. Ce grand honneur consacrait l'intérêt que suscitaient alors dans le monde entier ses recherches et ses travaux.

Ingénieur-conseil, notre père s'était spécialisé dans l'étude des gestes professionnels de l'industrie et dans l'élimination de la fatigue chez l'ouvrier.

Sa méthode consistait à observer les gestes d'un ouvrier, à les décomposer soigneusement, puis à s'efforcer de diminuer leur nombre et leur amplitude. On n'y parvenait le plus souvent que par la modification de la machine ou de l'outil utilisé.

Maman était l'associée de notre père et, bien qu'elle lui eût donné douze enfants, elle avait trouvé le temps d'écrire en collaboration avec lui une demi-douzaine d'ouvrages sur « l'étude du geste professionnel ».

À présent, elle avait décidé, en poursuivant l'œuvre commune, de veiller à ce que le nom et les travaux de notre père reçoivent la considération qu'ils méritaient.

Lorsque l'on avait télégraphié à notre mère de Londres et de Prague en l'invitant à remplacer son époux disparu, elle avait failli refuser. Elle savait que le métier d'ingénieur-conseil ne convient guère à une femme, et elle entrevoyait les difficultés qu'il lui faudrait surmonter pour prendre la succession de notre père. Mais elle comprit tout à coup que ce voyage en Europe représentait sans doute une occasion unique de forcer le succès. Il lui serait en effet plus aisé de s'imposer auprès de la clientèle de notre père lorsqu'elle se serait fait écouter des personnages importants rassemblés aux congrès de Londres et de Prague.

Maman n'avait pas eu l'habitude de prendre des décisions, laissant ce soin à notre père. Aussi était-ce toujours lui qui lançait les idées et bâtissait les projets. Maman approuvait, persuadée que telle ou telle initiative était merveilleuse puisque notre père en avait jugé ainsi.

Nous avions connu le temps où maman pleurait pour un rien, où elle avait peur de l'obscurité et où l'orage la terrifiait à tel point qu'elle courait se cacher dans le cabinet noir.

Tout changea le jour où mourut notre père. Rien ne pouvait plus épouvanter maman désormais, car elle comprenait que cette mort était la seule chose qu'elle avait au fond toujours redoutée. À présent que le malheur était arrivé, aucune larme, aucune crainte n'y pourrait rien changer. Aussi décida-t-elle de partir pour l'Europe. À Londres, elle lut la conférence qu'avait préparée notre père, puis elle partit présider le congrès de Prague. Et à compter de ce jour-là, elle n'eut plus jamais peur de rien.

2

Économies

Tom était notre homme à tout faire. Bon à tout, propre à rien, ainsi que disait parfois de lui notre père.

Dans la famille depuis dix-sept ans, Tom était certainement le maillon le plus faible de l'organisation conçue par notre père pour assurer la bonne marche de la maison.

Tom connaissait un petit peu tous les métiers. Pas suffisamment pour réparer n'importe quoi, mais assez pour se persuader qu'il en était capable. Aucune tâche n'était trop compliquée pour lui, et il prétendait toujours s'être déjà tiré à son honneur de situations comparables, bien qu'infiniment plus délicates.

D'origine irlandaise, Tom était de petite taille, leste comme un chat et de caractère peu endurant.

Tom aimait les enfants et les animaux, et nous, de notre côté, nous l'adorions. Avant de partir, maman avait décidé de congédier l'un de nos deux domestiques, par mesure d'économie. Ce serait Tom ou bien notre cuisinière, mais personne ne songea un instant à se séparer de Tom.

La cuisinière partie, Tom prit possession de la cuisine. Puis il se coiffa d'une toque blanche, ceignit un tablier à carreaux bleus et blancs et déclara fièrement qu'il n'avait jamais suivi une recette de sa vie. C'était, hélas ! l'évidence même.

Après le départ de maman, nous tînmes conseil dans la salle à manger. Tom était à ses fourneaux, et certainement en difficulté, car de la cuisine nous parvenait une odeur étrange, assez comparable à celle des feuilles sèches que l'on fait brûler dans les jardins.

Maman avait remis six cents dollars à Anne pour faire marcher la maison pendant son absence. Cette somme comprenait également le coût de notre voyage de vacances. Comme chaque année, nous devions en effet passer une partie de l'été dans la villa que possédaient nos parents sur l'Atlantique, dans l'île de Nantucket, au large du cap Cod.

Maman avait retenu nos places sur le bateau qui assurait le service, et Anne devait payer le passage en allant retirer les billets.

Nous décidâmes de ne dépenser que trois cents dollars au lieu des six cents alloués par maman. Ce serait une bonne surprise pour elle lorsqu'elle viendrait nous rejoindre à Nantucket.

« Voyons, dit Anne, en épluchant les comptes de la maison laissés par notre mère, nous pourrions peut-être économiser sur le lait. Nous en achetons d'habitude treize litres par jour : ce qui fait plus de cinquante dollars par mois. C'est fou ce que l'on dépense dans cette maison pour la nourriture, et je me demande comment papa arrivait à payer tout cela. Quant à ce fameux "treize à la douzaine" dont on a tant parlé, je n'ai pas l'impression qu'aucun commerçant nous en ait jamais fait bénéficier ! »

L'assemblée décida que l'on pouvait parfaitement se contenter de neuf litres de lait par jour.

« Ce sera un petit sacrifice, sans plus », déclara Anne.

Et elle se mit à énumérer les sommes figurant sous divers titres dans le livre de comptes. L'habillement ? Nous n'avions besoin de rien. Les frais de médecin et de pharmacie ? Qui parlait d'être malade ? Le dentiste ? Personne n'irait se faire soigner les dents. Les cigarettes et le tabac ? Cela n'était pas pour nous. L'essence ? La voiture de notre père était déjà vendue. Restaient les leçons de danse...

« Je pourrais peut-être m'en passer », suggéra Bill.

Bill avait onze ans et, chaque lundi, c'était toute une affaire que de le décider à enfiler son chandail neuf et à se chausser convenablement pour se rendre au cours de danse. Aussi Anne ne put-elle s'empêcher de sourire en écoutant sa proposition, tandis que Marthe disait d'un ton ironique :

« Nous n'aurions jamais osé te proposer pareil sacrifice, mon pauvre Bill !

— Il faut bien que chacun y mette du sien », répondit-il.

On supprima donc les leçons de danse et Bill poussa un soupir de soulagement. Il en fut de même pour les leçons de piano, auxquelles tout le monde renonça sans la moindre peine. Mais les sacrifices s'arrêtèrent là, car personne n'eût songé à réduire les sommes allouées à chacun de nous comme argent de poche. Nous avions toujours pensé en effet que notre père les calculait un peu juste... Cependant, nous inventâmes un système d'amendes qui permettrait tout de même d'économiser sur ce chapitre. C'est ainsi qu'il nous en coûterait désormais deux *cents* si nous laissions une lampe allumée ou un robinet ouvert. S'il s'agissait d'un robinet d'eau chaude, ce serait le double. Désobéir à notre sœur aînée ou bien négliger l'une des tâches figurant à l'emploi du temps établi par notre père nous vaudrait une amende plus forte encore : cinq *cents*.

Papa avait conçu pour la maison une organisation comparable à celle d'une usine, en ce qu'elle visait à obtenir le meilleur rendement possible. Il était en effet persuadé que tout système ayant fait ses preuves dans l'industrie était applicable à l'économie domestique, et inversement, surtout si la maison en cause abritait une famille de douze enfants.

Papa avait affiché un tableau récapitulant le tout dans les deux salles de bains réservées l'une aux filles et l'autre aux garçons. Rien n'avait été oublié, qu'il s'agisse de laver la vaisselle ou de se brosser les dents, en passant par le ménage, la toilette, et les leçons de français et d'allemand enregistrées sur disques que nous devions écouter chaque jour pendant un quart d'heure.

En fait, papa avait poussé son système à un tel degré de perfection que notre sœur Liliane, trop petite encore pour atteindre les étagères et le dessus des tables, était néanmoins chargée d'épousseter le bas des meubles, les pieds de chaises et les rayonnages qui étaient à sa portée. Pendant ce temps, Ernestine essuyait le reste.

En ce qui concernait la nourriture, Anne décida que nous nous passerions de rôtis et de grillades, trop coûteux. Et comme Ernestine s'entendait admirablement à faire le marché, elle lui confia la responsabilité des emplettes et des menus, en lui recommandant d'insister sur les saucisses et les ragoûts.

De plus, Ernestine s'efforcerait d'inculquer à Tom certains principes d'économie, en l'obligeant à mettre de la farine et de l'eau dans ses omelettes, et de la levure dans la pâte à beignets.

Enfin, Marthe, qui, de toute la famille, était la seule à savoir économiser, fut nommée grand argentier et ministre du Budget. On la chargea également d'organiser notre départ pour Nantucket et de surveiller la confection des bagages.

Puis l'on parla de l'avenir. À l'automne, Anne et Ernestine devaient poursuivre leurs études à l'Université. Papa en avait décidé ainsi, et nous savions que notre mère se refuserait à modifier ses projets. Elle affirmait d'ailleurs que, de toute manière, elle veillerait à ce que chacun d'entre nous passât par l'Université, car tel avait été le vœu de notre père.

« Inutile de vous dire, déclara Anne gravement, que tout notre avenir dépend de la façon dont iront les choses cet été. »

Quand, un peu plus tard, Tom vint annoncer que le déjeuner était prêt, Anne avait achevé de répartir entre nous les différentes tâches de la maison et établi avec Ernestine le budget des semaines à venir.

Ernestine était, ce jour-là, chargée du service de la table. Nous la vîmes surgir de la cuisine, l'air dégoûté, tenant à bout de bras un plat sur lequel s'étalait un gigot. La viande était noire, calcinée et garnie d'une couronne de tomates racornies et brunâtres.

Ernestine était le seul membre de la famille qui ne s'entendait pas avec Tom. Leur querelle durait depuis plusieurs années. Elle avait commencé certain jour où, Ernestine ayant offert fièrement à Tom sa photographie, il avait aussitôt annoncé son intention de l'accrocher au mur de l'office pour faire peur aux rats et aux souris qui l'infestaient.

Sans dire un mot, mais avec le visage résigné d'un martyr se préparant au supplice, Ernestine déposa le plat devant Anne.

Stupéfaite, celle-ci prit fort mal la chose.

« Qu'est-ce que c'est que ça ? s'écria-t-elle, indignée. Je te prie de remporter cela à la cuisine immédiatement et de dire à Tom que ce n'est pas le moment de se livrer à ce genre de plaisanterie !

— Il paraît que c'est un gigot de mouton », fit Ernestine, l'air pincé.

Anne examina la viande, puis conclut :

« Pour du mouton, c'est du drôle de mouton, et si l'animal avait vraiment les pattes bâties comme cela, ce devait être un phénomène. Plutôt que de l'envoyer à la boucherie, il eût mieux valu le montrer dans les foires !

— En tout cas, je commence à penser que nous avons eu tort de nous débarrasser de la cuisinière pour garder Tom », dit Ernestine.

Le visage de Tom s'encadra brusquement dans l'ouverture du passe-plat qui se trouvait entre la salle à manger et l'office. Il était rouge de colère.

« Si c'est comme ça, s'écria-t-il, je préfère m'en aller tout de suite ! »

Comme il arrivait parfois à Tom de nous rendre son tablier trois fois dans la même journée, personne ne broncha.

« Rien ne m'oblige à rester chez vous, vous savez, continua-t-il. Je ne suis pas un esclave ! »

Et en disant ces mots, il ôta son tablier pour le brandir vers Ernestine d'un air menaçant.

« Mais voyons, Tom, personne ne désire que vous nous quittiez, dit Anne, conciliante. Comment ferions-nous sans vous ? Rien n'irait plus dans la maison.

— C'est bon, répondit notre homme. Mais, d'abord, qu'est-ce que vous lui trouvez, à ce gigot ? demanda-t-il, rasséréné.

— Rien du tout, si ce n'est qu'il est peut-être un peu cuit.

— Mais ce n'est pas de l'agneau de printemps », protesta Tom. Et il exposa avec condescendance :

« En fin de saison, quand la viande est plus faite, il faut qu'elle soit bien cuite.

— Mon Dieu, que ne le disiez-vous ? s'exclama Anne. Cela explique tout, évidemment.

— On ne me laisse jamais parler et, dans cette maison, c'est à peine si je peux ouvrir la bouche », grommela Tom. Puis, remettant son tablier, il disparut dans la cuisine, mais on l'entendait qui continuait à ronchonner : « Vrai, c'est pas la peine de se donner tant de mal. On leur mijote un bon petit gigot et, en fait de récompense, ils parlent de vous mettre à la porte. Après dix-sept ans de service ! »

Cependant, Anne considérait le gigot d'un air navré.

« Si c'est du mouton, je veux bien, mais, à mon avis, on dirait plutôt une vieille savate », murmura-t-elle.

Mais, se rendant compte qu'elle devait donner l'exemple à ses frères et sœurs, elle prit son courage à deux mains et se décida à découper la viande.

« Allons-y, fit-elle, je parie qu'en fin de compte ce sera très bon.

— Le Ciel t'entende ! dit Marthe d'un ton railleur.

— Soyez tranquilles, Ernestine et moi, nous allons dresser Tom. Ce ne sera que l'affaire de quelques jours et, ensuite, tout marchera comme sur des roulettes à la cuisine. »

Dans l'après-midi, Bill fut saisi d'un violent accès de fièvre et tout son corps se couvrit de petites plaques rouges. On appela le médecin. Lorsqu'il arriva, une heure plus tard, Marthe et Ernestine avaient aussi de la température et une éruption de boutons. Ernestine, qui devait passer le lendemain son examen d'entrée à l'Université, annonça qu'elle s'y rendrait coûte que coûte.

« Je me mettrai une bonne couche de crème et de poudre sur la figure, et tout ira très bien », assurait-elle.

Mais le docteur coupa court à ce projet en faisant mettre les trois malades au lit. Il avait ses raisons. Vingt-quatre heures plus tard, nous étions tous couchés, avec de la fièvre, et rouges comme des écrevisses.

3

Tempête dans un verre d'huile

À chaque fois qu'il nous arrivait quelque chose de fâcheux, l'on pouvait être sûr que Tom s'empressait de raconter comment il s'était un jour trouvé dans le même cas. À cette différence près que son accident à lui était évidemment beaucoup plus grave.

Quand l'éruption de Bill commença, Tom fut le premier à s'en apercevoir et il fit coucher le malade aussitôt.

« Mais je me sens très bien, protesta Bill.

— Pas la peine de discuter, ordonna Tom, tu es malade.

— C'est pas vrai. Seulement, ça me démange, dit Bill en se grattant.

— Tu sais ce que je t'ai dit, je ne recommencerai pas », fit Tom. Et il prit un ton sévère : « Si tu ne vas pas au lit immédiatement, et si tu continues à te gratter, tu seras rayé du Club pour cent ans ! »

Il fallait appartenir au Club de Tom pour avoir la permission de mettre les pieds à la cuisine le soir après dîner. Il en avait été ainsi de tout temps, même lorsque nous avions encore une cuisinière, car Tom régnait en maître sur les lieux, les repas terminés.

Si les membres du Club étaient dans les bonnes grâces de Tom, celui-ci jouait de l'harmonica, leur faisait griller du maïs, distribuait des bonbons à la ronde et montrait des tours de cartes. Mais lorsqu'on avait été rayé du Club, on restait dans le couloir sans avoir le droit de participer aux réjouissances.

Les aînés de la famille affectaient un profond dédain pour le Club – ce qui ne les empêchait pas de s'y rendre à chaque fois que Tom consentait à les y accueillir. Mais quand les petits avaient eu le malheur de tomber en disgrâce, le bannissement leur semblait aussi cruel qu'un exil en Sibérie.

Lorsque Tom prononçait une exclusion, ce n'était jamais pour moins de cent ans, vite ramenés à un quart d'heure tout au plus, car notre Tom avait le cœur sensible. En revanche, l'anathème, châtiment suprême, se traduisait par un exil de mille ans et quatre jours. En fait, cela pouvait durer la soirée entière, bien qu'il y eût fréquemment de nouvelles remises de peine, si le coupable réussissait à simuler un repentir assez convaincant.

Quand Bill fut au lit, Tom appela Anne. Elle accourut.

« Mon dieu ! s'exclama-t-elle, consternée. Voilà le bouquet ! Moi qui m'imaginais qu'à présent tout irait très bien !

— Ne t'inquiète pas, dit Bill. Je t'assure que je ne suis pas malade.

— Je vais demander au médecin de venir, murmura Anne.

— Remarquez que je pourrais vous indiquer ce qu'il faut faire, déclara Tom, mais...

— Rappelez-vous ce que papa avait dit à ce propos, coupa Anne vivement. Il n'aimait guère que nous prenions des remèdes sans ordonnance. »

Anne se pencha sur son jeune frère pour l'examiner de plus près.

« C'est vrai qu'à midi il a mangé du gigot », commença-t-elle distraitement. Mais elle se mordit les lèvres et enchaîna précipitamment : « Enfin, je veux dire que son déjeuner n'a peut-être pas très bien passé...

— Comment cela ? » fit Tom, surpris. Et, se tournant vers Bill, il tendit vers lui un doigt accusateur en s'écriant : « Je parie que tu es encore allé manger une glace ou des gâteaux au coin de la rue sans rien dire ! Dieu sait quelle saleté ces marchands sont capables de vendre aux enfants ! »

Bill se défendit.

« Je ne suis pas sorti de l'après-midi, lança-t-il.

— Bah ! peu importe, fit Tom. Moi, je sais ce que tu as, mais comme ton père m'a défendu de te soigner...

— Est-ce que ça ne date pas du jour où tu as cru que nous avions tous la scarlatine ? demanda Bill. C'était la varicelle !

— En effet, répondit Tom sèchement.

— Mais c'est une erreur que tout le monde aurait pu faire », dit Bill, qui était toujours prêt à soutenir Tom. Cela lui valait d'ailleurs d'être un membre permanent du Club.

« En attendant, Tom, vous aviez donné une terrible émotion à maman, rappela Anne d'un ton sévère.

— Oui, mais moi, j'en suis encore à me demander si ce n'était pas vraiment la scarlatine », répliqua Tom.

Tandis qu'Anne descendait téléphoner au médecin, le reste de la famille se rassemblait dans la chambre pour examiner Bill. Tom grommelait à voix basse :

« Naturellement, on ne veut jamais me croire. J'ai

eu beau voir plus de cent cas comme celui-là pendant la guerre, on me prend pour un imbécile... Plus de cent cas, parfaitement... et Dieu sait que les gens mouraient comme des mouches !

— C'est donc si grave ? s'écria Bill, terrifié.

— Ça le deviendra sûrement si tu continues à te gratter comme ça, et, par-dessus le marché, je te chasserai du Club pour cent ans !

— Oh ! non, Tom, surtout pas cela ! protesta Ernestine, horrifiée. Ce serait pire que tout. »

Tom feignit de n'avoir pas entendu, mais l'on pouvait être certain que la Princesse (surnom qu'il donnait souvent à Ernestine pour se moquer d'elle) serait exclue du Club pour mille ans et quatre jours au moins.

« Ce n'est tout de même pas pour des prunes, continuait Tom, que j'ai été infirmier dans un hôpital pendant la guerre. Ma parole, c'est à croire que je n'y ai rien vu, rien du tout ! »

Cette guerre dont parlait Tom était la guerre hispano-américaine, mais, à supposer qu'il eût réellement appartenu à un hôpital, la médecine avait dû faire de grands progrès depuis. Tom ne connaissait en effet des remèdes que la quinine et l'huile de ricin.

Il estimait de plus que ce qui guérissait les humains était également bénéfique aux animaux. Les patients survivaient toujours au traitement et ne semblaient même pas tenir rigueur à leur maître de ses soins. Mais l'un des chats devait garder néanmoins un fâcheux souvenir de l'expérience. Tom l'avait baptisé Quatorze, selon son habitude d'attribuer un numéro à tous les chats qui se succédaient dans la maison. Quatorze s'aplatissait sur le carrelage de la cuisine et commençait à ramper en direction de la porte dès qu'il voyait son maître tendre le bras vers l'étagère où se trouvait le flacon de quinine.

Quand il s'agissait d'autrui, les diagnostics de Tom étaient catégoriques, variés et inattendus. Mais si lui-même était malade, il concluait immanquablement à un cas de pleurésie. Peu lui importait que l'affection se manifestât par des saignements de nez ou par un pied enflé : il se faisait apporter un grand flacon de son remède et s'en trouvait toujours fort bien.

Quand le médecin venait en visite chez nous, Tom reprenait son ancien rôle d'infirmier militaire. Claquant des talons, il prodiguait des « oui, docteur », « non, docteur », et s'efforçait de rentrer le ventre. Le docteur Burton, qui connaissait les états de service de Tom, n'hésitait pas à s'assurer son concours en le traitant avec autant d'égards qu'un confrère.

« Alors, docteur, de quoi s'agit-il ? demanda Anne avec inquiétude, quand le docteur Burton eut achevé d'examiner Bill. Tom affirme que c'est une chose sérieuse.

— Le cas est simple. Cela me paraît clair comme de l'eau de roche, n'est-ce pas, Tom ? fil le médecin.

— Parfaitement. Mais je n'ai rien voulu dire. Depuis que M. Gilbreth m'avait défendu de soigner les enfants...

— C'est la rougeole. Symptômes classiques. Inutile de chercher plus loin, n'est-ce pas, Tom ?

— C'est bien ce que je pensais, docteur.

— Aucune raison de vous inquiéter, mademoiselle, reprit le docteur. Ce n'est qu'une forme bénigne.

— Je m'attendais au pire, dit Anne, lançant à Tom un regard mécontent. Pour un peu, l'on aurait craint la lèpre ou le choléra. »

Le docteur se mit à rire.

« Rien de tout cela, rassurez-vous, fit-il, et je vous garantis que, d'ici quelques jours, la famille entière sera sur pied.

— La famille entière ? répéta Anne, sans comprendre. Je croyais que la rougeole était une maladie infantile.

— L'avez-vous déjà eue ?

— Ma foi, non.

— Alors, vous y passerez tous, c'est bien certain. Je vais vous envoyer des médicaments, et je compte sur Tom pour que mes prescriptions soient suivies au pied de la lettre. D'autre part, il vous faudra surveiller votre intestin : surtout, pas de constipation, c'est très important.

— Soyez tranquille, docteur. Je leur donnerai ce qu'il faut, s'écria Tom.

— De l'huile de ricin ! clama Bill d'une voix désespérée.

— Mon Dieu, pourquoi pas ? Un peu d'huile de ricin n'a jamais fait de mal à personne », dit le docteur. Puis, se tournant vers Tom : « Et vous, j'imagine que vous avez déjà eu la rougeole ?

— Non, docteur. Quand j'étais petit, j'ai bien eu quelque chose qui y ressemblait. On a même prétendu que c'était cela, mais, en réalité, il s'agissait...

— D'une pleurésie, évidemment, conclut le médecin avec un sourire.

— Eh oui, c'est la seule maladie que j'aie jamais eue. »

Le lendemain, nous avions tous la rougeole. Anne fit alors transporter les lits des garçons dans la chambre de Bill et ceux des filles dans la chambre de nos parents. Les pièces communiquaient, de sorte qu'en laissant la porte ouverte Anne pouvait, de son lit, surveiller tout le monde.

Personne n'avait l'impression d'être malade, nous ne ressentions aucun malaise. Mais le temps nous semblait long. Alors nous nous mîmes à chanter en chœur. Vieux refrains et rengaines à la mode y passèrent tour à tour.

Soudain, l'on entendit une cuiller tinter contre un verre, en bas, dans la cuisine. Cela signifiait que Tom était en train de préparer une mixture de jus d'orange, de sucre et d'huile de ricin. Aussitôt, tous les garçons rentrèrent sous leurs couvertures et feignirent un profond sommeil.

À présent, Tom montait l'escalier, et le cliquetis de la cuiller s'amplifiait tandis qu'il traversait le palier, puis longeait le corridor menant à nos chambres.

Lorsqu'il se présenta, les garçons ronflaient comme des sonneurs.

« Ça va, ça va, je ne me laisse pas prendre, grommela-t-il. D'abord, je vous vois cligner des yeux... Mais vous ne perdrez rien pour attendre... »

Et il s'en alla frapper bruyamment à la porte grande ouverte qui donnait sur la chambre des filles ; tournant l'huile de ricin dans le verre plus vigoureusement que jamais, il demanda :

« On peut entrer ?

— Oui », répondit Anne.

Tom s'avança et se dirigea vers Ernestine, la Princesse. Il la salua très bas et dit :

« Voici pour vous, Votre Altesse. C'est un cadeau de la grande-duchesse. »

Il lui tendit le verre.

« C'est à Anne de commencer, protesta-t-elle. Elle est l'aînée. Et puis, qui sait si vous n'avez pas mis là-dedans de la mort-aux-rats pour m'empoisonner ? »

Sur le moment, Tom resta sans voix, tant il était indigné par l'accusation que venait de lancer Ernestine. Mais, reprenant ses esprits, il s'apprêtait à protester quand Anne coupa court à la querelle :

« Allons, donnez-moi ce verre et, pour l'amour du Ciel, taisez-vous tous les deux, dit-elle.

— Laisse donc, fit Ernestine d'une voix lamentable. Ce ne serait que reculer pour mieux sauter. Je vais boire. »

Résignée au pire, elle s'empressa de saisir le verre avant que son courage ne faiblisse et le vida d'un trait.

« Bravo, Ernestine, s'écria Tom, radieux. Je vous inscris au Club. Comment trouvez-vous mon petit mélange ? »

Se rappelant qu'elle était censée donner l'exemple à ses frères et sœurs, Ernestine sourit bravement.

« Délicieux, Tom, répondit-elle en réprimant un haut-le-cœur. Absolument délicieux.

— Je vous l'avais bien dit, fit Tom d'un air triomphant. Le jus d'orange enlève le mauvais goût.

— C'est vrai, renchérit Ernestine, qui n'en était plus à ce nouveau mensonge près.

— En voulez-vous encore ? demanda Tom avec

empressement. Je ne demande pas mieux que de vous en apporter un second verre.

— Ah ! non », s'exclama Ernestine, épouvantée. Mais, se reprenant, elle baissa le ton : « Non, vraiment, Tom, je vous remercie. C'était excellent, seulement cela me suffit.

— Alors, ce sera pour demain, dit Tom, et il regagna sa cuisine pour préparer un second verre destiné à Anne.

« Pouah, je n'ai jamais autant avalé d'huile de ricin de ma vie, confia Ernestine à sa sœur. Je t'assure que ce vieux fou ne m'a pas ménagée !

— Je t'en prie, tais-toi, fit Anne, agacée. Attends pour me parler de cela que j'aie avalé cette satanée mixture. Je te plains beaucoup, mais j'ai en ce moment le cœur sur les lèvres. »

Tour à tour, Anne, Marthe, puis Frank ingurgitèrent le remède et réussirent à faire claquer leur langue en disant qu'ils le trouvaient délicieux. Mais quand Tom se présenta devant Bill, les choses se gâtèrent.

D'abord, Bill ne se réveilla pas et, lorsque Tom se mit à le secouer, il ne fit que ronfler de plus belle.

« Je n'ai jamais vu personne dormir comme cela », dit Tom. Et, décidant de changer de tactique, il annonça : « Ma foi, si je ne peux pas donner l'huile de ricin à Bill, je vais être obligé de lui administrer un lavement. »

Le ronflement du dormeur s'arrêta net et Bill ouvrit un œil.

« Où suis-je ? fit-il d'un air vague. Quelle heure est-il ?

— L'heure de boire ça, répliqua Tom, lui mettant le verre sous le nez.

— Qu'est-ce que c'est ? demanda Bill, pour gagner du temps.

— Tu le sais bien, explosa Tom, à bout de patience. Avale !

— J'aime pas ça.

— Écoute-moi, fit Tom résolument. C'est excellent, au contraire. Demande donc à Anne, à Ernestine, à Marthe, à Frank. Ils l'ont tous trouvé délicieux.

— Je ne les crois pas. Ils ont dit ça pour donner l'exemple. »

Alors Tom joua son va-tout.

« Écoute, fit-il d'un ton engageant, j'ai en bas un autre verre tout prêt. Il est pareil à celui-ci. Si tu bois maintenant, je boirai l'autre, pour bien te montrer que c'est excellent. »

Cette fois, tout le monde était bien éveillé et attendait la suite des événements. Bill réfléchit.

« Et comment serai-je sûr qu'il y a vraiment de l'huile de ricin dans le deuxième verre ? demanda-t-il, soupçonneux.

— Appelle-moi donc menteur pendant que tu y es ! »

Furieux, Tom sortit. Il revint au bout d'un instant, tenant un verre dans chaque main.

« Tiens, choisis, fit-il. Tu ne diras pas que je te trompe.

— Quand ce sera mon tour, demanda Fred, est-ce que tu boiras aussi ?

— Bien sûr, répondit Tom. C'est délicieux. Demande à Ernestine.

— Et avec moi ? s'informa alors Daniel.

— Mais oui.

— Et avec moi ? Et avec moi ? questionnèrent Jacques, puis Liliane.

— Parfaitement. Je boirai avec tout le monde », promit Tom.

Bill examina attentivement les deux verres, tandis que ses frères et sœurs se levaient à la hâte pour venir faire le cercle autour de lui. Chacun des gobelets contenait la même quantité de jus d'orange, mais il y avait pour le reste une différence évidente : dans l'un d'eux, on ne voyait flotter à la surface que quelques gouttelettes d'huile, tandis que l'autre était couvert d'une couche épaisse de plusieurs centimètres.

« Je prends celui-là », déclara Bill désignant le premier verre.

Il tendait déjà la main pour le saisir lorsqu'il vit Ernestine lui faire un signe de tête.

« C'est bien celui-là que tu veux ? demanda Tom, semblant enchanté de la tournure prise par les choses. Tu n'auras pas de regrets ?

— Ma foi, dit Bill, puisque tu m'y incites, je change d'avis. »

Et il s'empara du second verre, qui était plein d'huile.

« Eh là, qu'est-ce que tu fais ? s'écria Tom, bouleversé. Tu ne peux pas boire ça, c'est bien trop fort. »

Mais il était trop tard. Bill avalait déjà le mélange composé de jus d'orange et d'huile... à salade.

« Délicieux », déclara-t-il, l'air réjoui.

Tom regardait son propre verre avec horreur. Il essaya de sourire, mais n'y put parvenir.

« Bravo, Bill, dit-il enfin.

— Et maintenant, Tom, tu vas boire aussi ? »

Tom hocha la tête.

« Ensuite, tu boiras un autre verre avec Liliane, avec Fred, avec Daniel et Jacques, et Bob et Jeanne, comme tu l'as promis ? »

Tom regarda autour de lui, éperdu. Nous nous mordions tous les lèvres pour ne pas éclater de rire.

« Bois, dit Bill.

— C'est délicieux, fit Ernestine. Demande donc à Anne. »

Tom lança à la Princesse un regard meurtrier, puis il secoua la tête tristement.

« Ah ! qu'ai-je donc pu faire au Ciel ? se lamenta-t-il. Après avoir passé dix-sept ans dans cette maison et à présent que je suis devenu vieux, voilà qu'on veut m'empoisonner !

— Mais non, Tom, il ne faut pas boire cette mixture, dit Anne, ce n'était qu'une plaisanterie, et d'assez mauvais goût, je le reconnais. Pardonnez-nous. »

Fort digne, Tom recula d'un pas, promena à la ronde un regard glacial, et puis il vida son verre d'un trait. Il quitta ensuite la pièce et descendit à la cuisine. Il reparut quelques instants plus tard, nanti de la bouteille d'huile de ricin et d'une cuiller. Et, les remettant à Ernestine, il salua et dit :

« Voici, duchesse. Je sais très bien qui a monté le coup à Bill. Je vous ai vue faire signe... Faudrait pas me prendre pour un idiot... Mais, à présent, débrouillez-vous pour donner leur huile à vos frères et sœurs. Moi, je m'en lave les mains ! »

Ernestine tendit la bouteille à Anne.

« À toi de t'en charger, dit-elle. Tu es l'aînée. »

Mais Anne refusa de la prendre.

« Tom a raison, répliqua-t-elle. Moi aussi, je t'ai vue faire signe à Bill. Je te délègue donc mes pouvoirs, et à présent, vas-y, duchesse : à toi l'honneur ! »

4

Une poule mouillée

Heureusement, la rougeole ne fut grave pour aucun d'entre nous et, quelques jours plus tard, nous étions sur pied. Alors commencèrent les préparatifs de départ pour Nantucket.

Marthe dirigeait les opérations. Elle fit descendre par Frank et par Bill trois malles du grenier et on les installa sur le palier du premier étage. Puis, tandis que Marthe prenait son poste auprès d'elles, nous allâmes chercher les vêtements et les objets que nous devions emporter en vacances. Il nous fallut ensuite tout montrer à Marthe avant d'avoir la permission de mettre quoi que ce fût dans les malles.

Notre sœur s'était assise dans un bon fauteuil et

n'en bougeait pas. Afin de simplifier les choses, elle avait dressé une liste pour chacun d'entre nous, et se délectait visiblement à la vérifier par le menu. Ayant l'habitude d'obéir à ses deux aînées, Anne et Ernestine, elle trouvait ce jour-là un malin plaisir à leur donner ses ordres.

« Quel nom ? demanda-t-elle du plus loin qu'elle aperçut Anne, chargée d'une pile de vêtements. Et parle distinctement, que je comprenne !

— Ne fais donc pas l'idiote, répliqua Anne. L'ordre et la méthode, c'est bien joli, mais il ne faut tout de même pas exagérer.

— Si tu veux prendre ma place, dit Marthe, je ne demande pas mieux. » Et elle tendit les listes à Anne. Comme celle-ci ne montrait aucun enthousiasme à les accepter, elle reprit : « Alors, s'il te plaît, réponds à mes questions... »

Lorsque Marthe eut épuisé la liste sur laquelle figuraient tous les articles imaginables, depuis la lime à ongles jusqu'aux embauchoirs, elle indiqua à Anne l'endroit précis où déposer ses affaires. Puis la même cérémonie se renouvela pour chacun de nous.

Les bagages terminés, Marthe se rendit à New York afin de retirer nos billets de passage pour Nantucket. Quand l'employé de service au guichet de la compagnie lui eut annoncé le total de la somme à payer, elle resta abasourdie.

« Ce n'est pas possible, il doit y avoir une erreur, dit-elle. Que diable, Nantucket n'est tout de même pas au bout du monde ! »

L'homme refit son addition et Marthe la vérifia par deux fois : le calcul était exact. Alors Marthe décida de ne retenir que trois cabines au lieu de cinq et d'échanger deux billets de place entière contre des demi-places.

De retour à la maison, elle raconta ce qui s'était passé, puis expliqua la solution qu'elle avait adoptée.

« Comme cela, j'ai économisé plus de vingt dollars, conclut-elle. Nous n'aurons qu'à nous tasser un peu : nous serons quatre par cabine, voilà tout. Vingt dollars d'économie, ce n'est pas rien, et je...

— Dis donc, coupa Anne, tu as oublié Tom. Où va-t-il coucher ?

— Si tu comptes sur nous pour l'accepter dans nos cabines, tu exagères ! s'écria Ernestine. J'aimerais mieux passer la nuit sur le pont.

— Soyez tranquilles, je ne l'ai pas oublié ; mais comme il nous a toujours dit qu'il ne pouvait pas fermer l'œil sur le bateau de Nantucket, je ne lui ai pas pris de couchette : puisqu'il ne dort pas, il n'en a pas besoin.

— Tu ne peux pas lui faire cela, protesta Anne. Il faut que tu retournes retenir une cabine pour lui.

— Ne t'inquiète pas, je lui en ai parlé, dit Marthe. Il a grommelé je ne sais quoi à propos de l'abolition de l'esclavage. Il paraît que le président Lincoln a libéré tous les esclaves, sauf lui... Mais à part cela, il n'a guère protesté !

— Pauvre Tom, je me demande comment il peut rester chez nous, fit Ernestine.

— Écoutez, si vous n'êtes pas contentes, débrouillez-vous sans moi. Voici les comptes. »

Et Marthe sortit de sa poche le carnet de chèques et un calepin.

« Quelle idée ! tu as bien fait, très bien fait, assura Anne.

— Et tu as économisé vingt dollars, renchérit Marthe.

— Seulement, je ne comprends pas pourquoi tu as pris deux demi-places. Pour Frank, ça peut encore aller : il n'est pas très grand pour son âge ; mais pour toi, on ne peut vraiment pas tricher...

— Je me demande bien pourquoi, répliqua Marthe, vexée. Évidemment, il y a ma taille, mais je m'arrangerai pour marcher en fléchissant les genoux, quand je monterai sur le bateau. »

Quand vint l'heure du départ, Ernestine se mit en route pour la gare, à pied, en emmenant les cinq aînés. Anne avait en effet décidé de ne prendre qu'un seul taxi, par mesure d'économie. Elle s'y embarquerait avec Tom, les plus jeunes d'entre nous et les bagages.

Lorsque le taxi arriva, tout était prêt : les valises étaient alignées sur le perron, et les cinq cadets attendaient, débarbouillés de frais et équipés pour le voyage. Mais, les bagages chargés et les enfants installés dans la voiture, Anne s'aperçut que Tom avait disparu. Elle l'appela, il ne répondit pas. Alors elle rouvrit la porte de la maison et fit le tour des pièces. Sur la table de la cuisine, elle vit la casquette de Tom, deux serins dans leur cage et une boîte de carton au couvercle percé de trous. De Tom lui-même, nulle trace.

Entendant le chauffeur de taxi klaxonner, Anne ressortit pour le faire patienter. Les enfants jouaient et cabriolaient sur le trottoir, à l'exception de Bob qui avait grimpé sur les genoux du conducteur.

« Si c'est vous qui menez ce cirque, dit l'homme à Anne, vous feriez pas mal d'embarquer vos saltimbanques et de vous mettre en route. Je n'ai pas envie de passer la journée à vous attendre !

— Il n'y en a plus que pour un instant, dit Anne. Je crois que notre domestique est parti chercher son chat.

— Et le Président ? Il n'est pas là non plus ! » s'écria Fred.

Le Président était un épagneul, le chien de la maison. Pour l'instant, il attendait tranquillement, assis sur le trottoir, à bonne distance de tout ce remue-ménage.

« Mon Dieu, je l'avais oublié », s'écria Anne. Et elle ordonna : « Fred, cours lui mettre sa laisse... S'il se sauvait, ce serait le bouquet ! »

À ce moment, Tom déboucha au pas de course d'une petite rue.

« C'est Quatorze qui a disparu, s'écria-t-il en nous rejoignant, haletant. Je ne peux pas le trouver !

— Alors, il faut le laisser, trancha Anne. Nous allons manquer le train. Vite, en voiture.

— Laisser Quatorze ? demanda Tom, qui ne pouvait en croire ses oreilles.

— Parfaitement... Nous sommes déjà en retard. »

Cette fois, Tom explosa.

« Pour qui me prenez-vous ? fit-il, indigné. Je ne laisserai pas mon chat. S'il reste ici, moi aussi.

— Nom d'un chien ! s'exclama Anne, furieuse. Voilà un voyage que je prépare depuis quinze jours ; j'ai travaillé comme une esclave et, aujourd'hui, tout est prêt... malgré la rougeole. Aussi, je vous garantis que je ne laisserai pas gâcher nos vacances pour un chat ! Tom, je vous ordonne de monter dans le taxi. »

Jamais Tom n'avait encore entendu Anne parler avec autant de violence, et cela l'impressionna.

« Je n'ai même pas ma casquette, bredouilla-t-il. Et mes serins, il faut que je les prenne...

— Allez les chercher et tâchez de faire vite. »

Tom revint trente secondes plus tard, en courant. Et, sautant dans la voiture :

« Me traiter comme ça, moi, ronchonna-t-il. Après dix-sept ans d'esclavage ! »

Anne, qui avait fermé la porte de la maison derrière lui, s'embarqua à son tour et l'on démarra.

« Sept personnes, huit valises, un chien, deux serins, grommela le chauffeur. Et pour tout ça, un seul taxi. Ma parole, il en aurait bien fallu trois. »

À peine achevait-il ces mots que les enfants aperçurent Quatorze, assis sur la pelouse d'une villa. Le taxi s'arrêta. Tom appela et, prompt comme l'éclair, le chat roux bondit sur les genoux de son maître, puis se percha sur son épaule.

« Voyez-vous cette malice, fit Tom, rayonnant. Il nous attendait, bien sûr...

— Avez-vous encore beaucoup de colis comme celui-là à ramasser en chemin ? s'informa le chauffeur, goguenard.

— Non, monsieur, répondit Anne humblement.

— Et peut-on vous demander où vous allez comme cela ?

— À Nantucket, sur l'Atlantique.

— Eh bien, vrai, j'aurais plutôt cru que vous partiez vous embarquer sur l'arche de Noé ! »

Anne s'adossa aux coussins et serra contre elle la petite Jeanne qu'elle avait dû prendre sur ses genoux. Elle ferma les yeux, épuisée, et elle songea à notre mère, si loin de nous. Puis elle se remémora nos départs en vacances des années écoulées. Au lieu de prendre le train pour gagner New Bedford d'où partait le bateau de Nantucket, on s'entassait dans la vieille voiture familiale. Papa s'asseyait au volant, fort, plein de vie, toujours joyeux. Et l'on se mettait en route, dans un grand bruit de ferraille, ponctué de coups de klaxon, tandis que papa saluait d'un « chauffard » retentissant les malheureux automobilistes qui se risquaient à doubler notre guimbarde.

Arrivés à New Bedford, nous gagnâmes l'embarcadère. Il faisait nuit – ce qui sans doute déplut énormément au Président, car il se mit à pousser des hurlements lamentables.

Quand nous arrivâmes à l'entrée de la passerelle, tous les passagers déjà embarqués se pressaient à la lisse pour nous voir. Le spectacle en valait la peine. Fort gênées, Anne et Ernestine regardaient droit devant elles, feignant de ne s'apercevoir de rien.

L'employé chargé de vérifier les tickets fut lui-même tellement médusé par notre arrivée qu'il renonça à contrôler le détail de nos places. Marthe triompha. Elle avait pourtant gravi la passerelle presque à quatre pattes pour se faire toute petite.

En revanche, le contrôleur déclara que Quatorze et le Président ne pouvaient être admis à bord qu'à la condition de loger dans la cale, avec les bagages. C'est ainsi que le Président passa la nuit à se lamenter si haut qu'on l'entendit d'un bout à l'autre du bateau. On nous permit cependant de garder nos serins qui trouvèrent finalement refuge dans la cabine occupée par Anne, Jeanne, Fred et Daniel.

Le lendemain matin, nous nous rassemblâmes tous sur le pont, y compris le Président et Quatorze qui avaient obtenu la permission de prendre l'air avec nous. Soudain, Anne aperçut l'un de ses camarades de classe, Robert Dykes.

C'était un garçon sympathique. Grand et mince, il avait, de plus, fort bonne mine dans sa tenue de voyage élégante, avec ses cheveux soigneusement laqués. Ses bagages étaient cossus et du dernier cri.

Robert était depuis plusieurs mois l'un des chevaliers servants de notre sœur Anne.

Mais, à n'en pas douter, cette rencontre imprévue sur le bateau de Nantucket ne sembla guère du goût de Robert.

« Grands dieux, s'écria Anne, c'est donc vous, Robert ? Bonjour.

— Bonjour », murmura le garçon sans s'approcher. Puis il ajouta, du bout des dents : « C'est chic de se retrouver.

— Je pense bien », fit Anne avec enthousiasme.

Sa voix résonna comme une cloche et, non loin de nous, quelques personnes se retournèrent, surprises. Robert fit vivement un pas en arrière.

« Je savais que vous deviez aller à Nantucket avec votre mère, poursuivit Anne, mais je ne pensais pas vous rencontrer.

— Moi, je vous ai vus hier soir, quand vous embarquiez, dit Robert d'un ton revêche.

— Pas possible ! fit Anne, saisie.

— Et je parie que c'est votre chien qui a hurlé toute la nuit ?

— Je n'ai rien entendu », répliqua Anne sèchement. Elle était furieuse, car elle venait de comprendre que Robert ne tenait nullement à se laisser confondre avec l'un de nous. « Venez donc, dit-elle, que je fasse les présentations. Et puis, asseyez-vous pour vous mettre à l'aise.

— Non, merci, il faut que je me dépêche de rejoindre ma mère.

— Pourquoi n'iriez-vous pas plutôt la chercher ? Nous pourrions bavarder tous ensemble. »

Cette suggestion affola complètement le jeune homme qui, épouvanté, décida de battre en retraite aussitôt.

« Au revoir, à bientôt », souffla-t-il.

Comme il s'éloignait, Anne, impitoyable, le poursuivit d'une voix claironnante :

« Voulez-vous que nous allions tous vous retrouver ? »

Il n'y eut pas de réponse, car Robert Dykes avait disparu, dégringolant l'échelle de coupée.

« Quel idiot ! dit Ernestine.

— Quand je pense que tu nous chantais ses louanges, fit Marthe avec dédain.

— Grand comme un échalas, sec comme un coup de trique et, avec ça, encore fourré dans les jupes de sa mère, reprit Ernestine.

— Il avait honte de nous, c'est tout, dit Anne, qui avait les larmes aux yeux. Mais je vous jure que je m'en souviendrai.

— Je ne vois pas pourquoi l'on aurait honte de nous, s'étonna Bill. C'est pas ça : moi, je crois plutôt qu'il a entendu parler de notre épidémie de rougeole, et il a peur de l'attraper.

— Bill a raison, convint Ernestine. Robert Dykes est un froussard.

— Une vraie poule mouillée », conclut Anne d'un ton définitif.

5

À Nantucket

Ce fut une grande joie pour nous tous que de retrouver notre maison de vacances.

Celle-ci portait un nom surprenant : *Le Soulier*. Ainsi l'avait en effet baptisée notre père, songeant aux paroles de cette vieille chanson de nourrice qui conte l'histoire d'une fée, logée dans un soulier en guise de maison. Et la fée avait tant, tant d'enfants...

Le Soulier était flanqué de deux tours rondes, vestiges d'anciens phares bâtis à quelque distance et que notre père avait rachetés à l'État. Il avait installé dans l'un d'eux son cabinet de travail et l'autre servait de dortoir à plusieurs d'entre nous.

À notre plaisir de retrouver *Le Soulier* se mêlait quelque angoisse : notre père disparu, quelle serait désormais notre vie dans cette maison dont les moindres recoins portaient encore la marque de son influence ? Il y avait ces messages, représentés par des traits et par des points, qu'il avait peints de sa main au plafond de nos chambres ce fameux été où il s'était mis en tête de nous apprendre l'alphabet morse. Il y avait aussi cette carte du ciel, dessinée sur les murs de la salle à manger, ainsi que divers panneaux montrant les dimensions respectives de la Terre et des autres planètes par comparaison avec le Soleil.

Lorsque nos bagages furent arrivés, Marthe les fit déposer dans la salle à manger. Après quoi, elle s'installa commodément dans un bon fauteuil et commença à diriger les opérations. Chacun de nous fut sommé de se présenter, puis de prendre possession de ses vêtements et de les ranger dans le meuble ou le coin de penderie qui lui avait été affecté.

« Jamais les choses n'ont aussi bien marché que cette fois-ci, déclara Anne lorsque tout fut remis en état. Nous avons travaillé comme des anges. Mais je crois que c'est à Marthe qu'il nous faut voter des félicitations particulières : elle s'est tirée admirablement de la question des bagages.

— Marthe est comme papa : elle a le sens de l'organisation », appuya Ernestine.

Marthe sourit, ravie du compliment. Puis elle se leva et se dirigea vers les malles pour déballer ses affaires à son tour. C'est alors qu'une certitude affreuse s'imposa à son esprit : elle comprit que toutes les caisses et valises devaient être vides... Elles l'étaient, en effet, et Marthe savait qu'il lui serait inutile de demander à ses frères et sœurs s'ils n'avaient pas sorti, puis rangé ses vêtements en même temps que les leurs.

« Ah ! non, ne me dites plus que j'ai le sens de l'organisation, s'écria-t-elle, consternée. Parce que, moi, je n'ai rien emporté, ni maillot de bain, ni vêtements de rechange. En fait de garde-robe, j'ai uniquement ce que tu me vois sur le dos en ce moment !

— Mais c'est impossible, dit Anne, incrédule. Il doit y avoir une erreur ou bien quelqu'un t'a fait une farce. » Et, se tournant vers nous, elle demanda : « Qui a caché les affaires de Marthe ? »

Marthe secoua la tête, prête à pleurer.

« Pas la peine, murmura-t-elle. Je me rappelle parfaitement que je ne les ai pas emballées.

— Enfin, je ne comprends pas... Comment as-tu pu les oublier, avec ces fameuses listes que tu avais préparées ?

— Eh bien, justement, expliqua Marthe. J'en avais pour tout le monde, sauf pour moi, puisque je savais ce que je voulais emporter.

— Grands dieux ! fit Anne, amplement convaincue. Cela signifie qu'à présent il va falloir t'acheter un tas de choses...

— Jamais de la vie, dit Marthe. L'état de nos finances ne nous le permet pas. Tant pis pour moi : je m'habillerai, s'il le faut, dans un drap de lit. »

Anne essaya de la décider à descendre au village pour s'acheter au moins une robe de cotonnade et un maillot de bain. Mais Marthe était fermement décidée à ne pas gaspiller un centime.

« Tant pis pour l'élégance, déclara-t-elle. Je me débrouillerai avec les vieilleries que j'avais laissées ici l'an dernier. »

Alors, Anne et Ernestine décidèrent de lui donner une robe et du linge et, de son côté, Frank lui passa un tricot de marin, une chemisette et un pantalon de toile.

« Parfait, dit Marthe. Me voici équipée et, pour ce qui est du maillot de bain, je n'aurai qu'à mettre celui de maman en attendant qu'elle vienne nous rejoindre. Je vais lui écrire qu'elle prenne le mien à la maison en passant par Montclair.

— Je te vois d'ici dans le costume de maman, railla Ernestine. Tu auras bonne allure : il date pour le moins de 1900 !

— Et puis après ? Ce qu'il me faut, c'est un maillot. Le reste, je m'en moque », dit Marthe, impatientée.

Notre mère ne savait pas nager et elle avait horreur de l'eau. Certains jours, par exception, elle allait entrer dans la mer jusqu'aux genoux, faire le simulacre de se tremper à mi-corps, puis se hâter de regagner la maison.

Son costume de bain était si strict qu'il ne laissait rien deviner de sa silhouette, et même notre père déclarait que c'était vraiment pousser la pudeur un peu trop loin. Dieu sait pourtant s'il était collet monté sur ce chapitre, obligeant ses filles à porter des costumes de bain d'un autre âge.

La tenue de notre mère, déjà fort compliquée, comportait encore une ceinture drapée et un foulard de tête assortis. Mais elle se composait pour l'essentiel d'un « dessous » et d'un « dessus ». Le premier, sorte de maillot noir, partait du ras du cou pour ne s'arrêter qu'à dix bons centimètres au-dessous du genou. Quant au second, c'était une ample tunique également noire, mais à manches longues et toute garnie de basques et de volants, qui, à ce que prétendait notre père, faisait ressembler maman à un énorme abat-jour. Il assurait en outre que, réalisé en couleurs plus voyantes, ce costume eût fait la fortune de n'importe quel clown du cirque Barnum. Ce vêtement extraordinaire descendait presque jusqu'à terre, ne laissant voir que les chevilles, en bas de coton noir et serrées dans de hautes bottines imperméables.

« Je ne veux pas que tu t'exhibes dans le costume de maman, dit Anne à Marthe fermement. Tu serais complètement ridicule.

— S'il est assez bon pour maman, j'estime qu'il l'est tout autant pour moi, rétorqua Marthe. Tu devrais avoir honte de parler ainsi de notre mère et de sa façon de s'habiller !

— Tu te trompes : je sais aussi bien que toi que maman n'est pas ridicule. Ce genre de costume était à la mode il y a quelques années, et beaucoup de personnes qui ont l'âge de notre mère le portent encore. Mais, s'agissant de toi, ce serait grotesque.

— Enfin, cette tenue n'est tout de même pas tellement différente de celle que papa nous imposait, protesta Marthe. Nous aussi, nous avons un costume en deux pièces avec une espèce de tunique.

— Sans doute, mais le nôtre s'arrête aux genoux et il a des manches courtes. »

Notre père n'avait jamais pu admettre l'évolution suivie par la mode depuis la fin de la Grande Guerre. Et comme il restait persuadé que « ces folies » ne dureraient pas, il ne se laissait nullement influencer par le fait que toutes les femmes s'habillaient de cette manière. C'est ainsi qu'Anne avait dû attendre plusieurs années avant d'obtenir la permission de se faire couper les cheveux, de s'habiller plus court, de porter des bas de soie et des vestes de sport. Mais, sur le chapitre des costumes de bain, papa était demeuré intraitable, se résignant tout juste – après combien de prières ? – à ce que l'on raccourcît les manches au coude et les tuniques d'environ cinq centimètres. La querelle avec ses filles n'en fut cependant pas close pour autant.

Comme Marthe continuait à insister auprès de sa sœur aînée, celle-ci céda enfin.

Cependant, Frank, Bill et les cadets de la famille qui avaient déjà enfilé leur caleçon de bain s'apprêtaient à descendre à la plage. Celle-ci était à environ deux cents mètres de chez nous. Marthe annonça son intention de les rejoindre lorsqu'elle serait prête. Mais Anne et Ernestine tenaient d'abord à achever de trier les draps et les couvertures de la maison.

« Nous irons vous retrouver dans une heure », dirent-elles à leurs frères et sœurs.

L'après-midi était fort avancé lorsqu'elles arrivèrent enfin sur la plage. Tout le monde était là, à l'exception de Marthe – ce qui n'avait rien de surprenant. Marthe était en effet la meilleure nageuse de la famille.

« C'est idéal, fit Anne, s'étirant avec délices. La mer, la plage, le soleil : voilà de quoi je rêvais depuis cette maudite rougeole. À présent que nous sommes ici, j'espère que tout va marcher comme sur des roulettes.

— Où est Marthe ? demanda Ernestine. Sur le radeau ? »

Frank hocha la tête.

« Et comment lui va le costume de maman ? continua Ernestine.

— À la perfection », s'écria Frank, enthousiasmé.

Il tendit brusquement le bras.

« Tenez, regardez donc là-bas : c'est elle. Elle est avec ce grand escogriffe que nous avons rencontré sur le bateau. »

Anne bondit, les yeux soudain grands ouverts.

« Qui donc : Robert Dykes ? s'exclama-t-elle. Et il a vu Marthe dans cet accoutrement ? Mon Dieu, que va-t-il encore penser de nous ?

— Bah ! qu'est-ce que cela peut bien te faire ? Après la manière dont il s'est comporté avec nous sur le bateau !

— En tout cas, le costume de Marthe n'a pas l'air de l'impressionner tant que ça, reprit Frank, tandis qu'Anne demeurait silencieuse. À chaque fois qu'elle plonge, il se précipite pour l'aider à remonter ensuite sur le radeau. »

Cependant, Anne s'efforçait de distinguer les baigneurs qui évoluaient au loin.

« C'est extraordinaire, murmura-t-elle, je ne vois rien qui ressemble au costume de maman. Dieu sait pourtant qu'il devrait se remarquer... »

Comme elle achevait ces mots, une silhouette harmonieuse, gainée de noir, bondit sur le plongeoir et fit un magnifique saut de l'ange. Impossible de s'y tromper : c'était Marthe, plongeuse hors ligne. Quelques secondes plus tard, une tête rousse surgit de l'eau et l'on vit une main adresser des signes à un grand jeune homme assis sur le radeau. Puis un sillage d'écume s'avança sur l'eau tandis que notre sœur regagnait la plage en nageant un superbe crawl, digne d'une championne.

« Ah ! ça, alors..., s'exclama Ernestine, le souffle coupé par la surprise. Où diable a-t-elle déniché ce maillot-là ? Mon Dieu, qu'est-ce que papa dirait !

— Et maman, que dira-t-elle ? » fit Anne.

Marthe prit pied sur le sable. Elle se moucha énergiquement, rejeta en arrière ses cheveux qui lui couvraient les yeux, puis se dirigea vers nous. Frank et Bill se levèrent et firent mine de s'enfuir, en poussant des cris horrifiés comme deux promeneurs égarés dans un camp de nudistes. Mais, se ravisant aussitôt, ils saisirent deux serviettes de bain et se précipitèrent au-devant de Marthe. Et ils l'escortèrent, avec de grands airs scandalisés, en affectant de détourner la tête et de se voiler la face.

Bien qu'il n'y eût encore que peu de monde sur la plage, cette scène ne manqua pas d'attirer l'attention.

« Allez-vous cesser cette comédie, vous deux ? s'écria Anne.

— Tiens, Marthe, mets vite cette serviette devant toi, dit Frank, faisant la sourde oreille. Si tu te dépêches, le surveillant de la plage ne s'apercevra peut-être de rien.

— Et puis, nous ne voulons pas que tu attrapes une pneumonie, ajouta Bill.

— Mais qu'est-ce que vous diriez si je vous donnais une bonne paire de claques ? » demanda Marthe en repoussant, mi-riant, mi-fâchée, les serviettes qu'ils lui tendaient.

Elle se laissa tomber nonchalamment sur le sable entre Anne et Ernestine. Puis elle poussa un soupir d'aise.

« Mon Dieu, que l'eau était donc bonne ! continua-t-elle, et, sans paraître remarquer le visage de marbre de ses deux sœurs, elle enchaîna : Figure-toi, Anne, que je viens de voir l'un de tes amis. Tu sais, la poule mouillée... Mais on peut dire qu'en maillot de bain, il n'est vraiment pas séduisant : il n'a que la peau sur les os ! »

Marthe portait une sorte de maillot nageur en jersey de coton noir. À y regarder de plus près, l'on s'apercevait qu'il s'agissait du « dessous » appartenant au costume de notre mère, avec cette différence que les manches et les jambes avaient été roulées et remontées le plus haut possible. En fait, cette tenue n'était pas plus osée que la plupart de celles que l'on pouvait voir au même instant sur la plage. Pourtant,

Anne et Ernestine étaient la proie d'une indignation sans bornes.

« Retourne immédiatement à la maison, fit Anne, la voix étranglée, et ne reviens ici que lorsque tu auras enfilé le dessus de ce costume. Ma parole, c'est à croire que tu es devenue folle !

— Marthe, Marthe, écoute-moi, je t'en prie, ajouta Ernestine. Il ne faut pas te promener comme cela. Tiens, prends mon peignoir.

— Comment as-tu osé sortir dans cette tenue, je me le demande ? reprit Anne.

— Ah ! cette fois, j'en ai assez de vos remontrances, s'écria Marthe, furieuse. Vous ne pensez qu'à une chose : le qu'en-dira-t-on. Si je ne peux même pas nager, ça vous est bien égal ! »

Anne maîtrisa son impatience.

« Enfin, tu n'as tout de même pas oublié les recommandations que papa nous faisait toujours, à nous autres, les filles. "Soyez modestes, mes enfants, disait-il, n'attirez pas l'attention des gens sur vous..."

— Voyons, Anne, personne ne porte plus de costumes en deux pièces comme celui de maman. Vous vous croyez à la page et vous ne voyez même pas que, Dieu merci, les temps ont changé.

— As-tu seulement pensé à ce que maman dirait ? questionna Ernestine.

— Maman ? Je suis sûre qu'elle serait de mon

avis et qu'elle nous permettrait de porter des maillots d'une seule pièce comme tous ceux que l'on voit à présent sur la plage.

— Tu la connais bien mal, fit Anne sévèrement. Moi, je sais qu'elle rougirait jusqu'aux oreilles de te trouver dans cette tenue. »

Finalement, Marthe rendit les armes et, haussant les épaules :

« C'est bon, dit-elle à son aînée. Après tout, c'est toi le chef et, comme il faut que je t'obéisse, je vais aller endosser le reste du costume. »

Sur ces mots, Marthe se leva, et, dédaignant le peignoir qu'on lui tendait, reprit le chemin de la maison. Anne et Ernestine la suivirent des yeux et chacun pensait qu'en vérité le costume de notre mère n'avait jamais paru aussi seyant que ce jour-là.

« Je crois, fit alors Ernestine, que nous pourrions abandonner ces affreux bas noirs, nous aussi. On n'en voit plus à personne. »

Anne approuva de la tête.

« Je me disais justement la même chose, répondit-elle. Marthe a raison : les temps ont changé. Papa lui-même en serait sans doute convenu...

— Et sais-tu, Anne, que ce costume d'une seule pièce allait fameusement bien à Marthe ?

— Ma foi, oui, et on ne peut pas dire qu'elle

était vraiment indécente : elle avait plutôt l'air d'une gamine, tu ne trouves pas ?

— C'est ce que je pensais. Et puis, on doit être beaucoup mieux pour nager, c'est certain.

— Il n'y a pas de doute, convint Anne. Remarque que, moi non plus, je ne puis souffrir ces affreux costumes en deux pièces. Seulement, tu comprends bien que ce n'est pas à moi de mettre à profit l'absence de maman pour enfreindre les ordres donnés par papa et... » Anne s'interrompit brusquement, puis reprit avec violence : « Non, mais dis donc, toi, dans quel camp es-tu ?

— Le tien, répondit Ernestine. Je t'assure que je ne songe pas du tout à enlever le dessus de mon costume de bain. Mais je ne veux plus de bas noirs ! »

6

Les malheurs de Tom

La semaine suivante, les choses se gâtèrent pour tout le monde lorsque notre pauvre Tom faillit aller en prison. Sans vouloir pour cela chercher des excuses à sa conduite, il faut rappeler néanmoins que Tom était bon irlandais, et qu'en cette qualité il devait détester cordialement les Anglais.

Depuis quelques jours, il était de fort mauvaise humeur, car il avait découvert que nos voisins venaient d'arriver en vacances, accompagnés de leur nouvelle cuisinière. Et c'était une Anglaise !

Les années précédentes, Tom s'était fait de nombreux amis parmi le personnel domestique habitant le voisinage. Tous avaient pris l'habitude de se retrouver l'après-midi sur la plage, et Tom jouissait dans le groupe d'un certain prestige. Il le devait un peu à son âge, car il était le doyen, et beaucoup à la gaieté de son caractère. Mais voici que cette maudite Anglaise venait de se faire admettre dans le groupe, elle aussi. De sorte que notre Tom ne savait plus que faire : renoncerait-il à ses amis ou bien subirait-il la présence de l'intruse ? Cruelle alternative, en vérité.

L'étrangère était une femme imposante. Énorme, elle avait les gestes lents, la démarche majestueuse. Elle parlait avec un terrible accent britannique et arborait sur la plage un maillot de bain couleur vert pomme. Par malheur, Tom n'approuvait rien de tout cela.

Ne sachant à quoi se résoudre, il continua finalement à rejoindre ses amis tous les jours, mais en prenant bien soin de s'asseoir aussi loin que possible de l'Anglaise.

« On n'est plus chez soi ici depuis qu'il y vient tous ces étrangers, disait-il en haussant le ton. Je crois que l'an prochain mes maîtres iront en vacances ailleurs... »

Si quelque fille svelte et jolie venait à passer, vêtue d'un maillot particulièrement seyant, on entendait aussitôt la voix de Tom.

« Voilà le genre de personne qui peut se permettre de porter des maillots comme cela, déclarait-il. Quand on est gros, on devrait se cacher ou bien alors rester chez soi ! »

L'Anglaise ne bronchait pas. Elle n'était pourtant pas sourde, mais préférait ignorer complètement notre Tom. Or, rien n'eût pu le vexer ni l'irriter davantage.

Un jour, comme il se levait pour aller prendre son bain, l'Anglaise se baissa au même moment et commença à délacer ses chaussures de toile. Ses hanches rebondies semblaient sur le point de faire craquer l'étoffe du maillot, et son postérieur émergeait comme une énorme citrouille de la jupette minuscule complétant le costume. Tom faillit buter sur elle et, surpris, considéra la scène d'un air réprobateur.

Soudain, il ramassa un morceau de bois rejeté par la mer et en frappa l'étrangère de toutes ses forces.

Il s'était armé d'un bout de planche large et plat, et le choc résonna comme un coup de battoir. Sous la poussée, l'Anglaise bascula en avant et piqua une tête dans le sable, telle une autruche effrayée. Tous les gens qui étaient là, y compris Tom, encore plus surpris que les autres, se regardèrent en silence, scandalisés. Tom était devenu rouge comme un coq et il restait debout, l'air stupide, abasourdi par ce qui venait de se passer.

Enfin, il s'avança vers la femme et, l'aidant à se relever :

« Pardonnez-moi, lui dit-il. Vous avez beau être anglaise, je n'aurais jamais dû faire ça. Mais c'est quand j'ai vu ce bout de bois par terre : ç'a été plus fort que moi. »

Le visage de l'Anglaise resta impassible tandis qu'elle se remettait sur ses pieds avec lenteur en essuyant le sable collé sur sa bouche et dans ses cheveux. Elle regardait droit devant elle, sans faire plus attention à Tom que s'il n'eût pas existé.

« Je n'ai pas d'excuse, continua-t-il. Ma parole, c'est bien la première fois qu'il m'arrive une chose pareille. Tout le monde ici vous le dira. »

Elle ne broncha pas.

Les choses en seraient sans doute restées là si Tom avait alors tourné les talons en laissant sa victime se remettre de l'incident. Malheureusement, il tenait à ne pas ménager ses regrets, tant sa contrition était sincère. Et il répéta :

« Je n'ai pas d'excuse. Vous vous êtes baissée, j'ai vu la planche et, ma foi... »

La scène redevenant présente à son esprit, il s'arrêta, pris d'un fou rire irrésistible. Tous les efforts qu'il fit pour se contenir ne réussirent qu'à aggraver les choses et il finit par se plier en deux pour donner libre cours à son hilarité.

« Excusez-moi, bégaya-t-il, c'est... c'est plus fort que moi... »

Lorsqu'il put reprendre son sérieux, il se confondit en de nouvelles excuses, mais les dés étaient jetés : l'Anglaise tourna les talons, suprêmement offensée, et s'en alla sur-le-champ porter plainte au poste de police.

Le lendemain, Tom était convoqué chez le juge de paix. Frank l'accompagna afin de témoigner pour lui et de payer sa caution si besoin en était. L'Anglaise était là également, ainsi que la plupart des amis de Tom qui avaient assisté à l'affaire.

« Je plaide coupable, Votre Honneur, annonça Tom.

— Pourquoi avez-vous agi ainsi ?

— J'en sais rien, Votre Honneur. La dame était sur mon chemin et quand j'ai vu ce bout de bois par terre... »

En disant ces mots, Tom éclata de rire.

« Tenez-vous tranquille ! s'écria le juge, indigné.

— C'est... c'est plus fort que moi, Votre Honneur.

— Allons, un peu de tenue, dit le juge d'une voix sévère.

— Tom, reprends ton histoire au début », souffla Frank.

Tom obéit, mais parvenu au même point de son récit, il explosa de nouveau. Le juge se tourna vers Frank.

« Enfin, voyons, qu'est-ce qu'il a, c'est une maladie ?

— Je ne le pense pas, Votre Honneur, répondit Frank, mais il n'a pas encore réussi à me raconter toute l'histoire : il s'arrête toujours à cet endroit-là.

— Excusez-moi... Votre Honneur, commença Tom, je vous assure... c'est... c'est...

— Je vous inflige une amende de cinquante dollars, coupa le juge. Si vous ne voulez pas la payer, ce sera quinze jours de prison. Mais je vous accorde le sursis, à condition que votre conduite soit irréprochable pendant un an et que vous présentiez vos excuses à cette dame étrangère.

— Pardonnez-moi, madame, dit Tom avec sincérité. Je regrette ce que j'ai fait, et puis... je n'aurais pas dû rire.

— Je ne vous aurais pas traité avec autant d'indulgence, poursuivit le juge, si je ne savais que vous venez à Nantucket depuis de nombreuses années et que l'on n'a jamais rien eu à vous y reprocher.

— Je ne comprends pas ce qui m'a pris, Votre Honneur, mais quand je l'ai vue se... »

Le juge frappa sur sa table, excédé.

« Emmenez-le tout de suite, dit-il à Frank. S'il recommence son histoire, je suis capable de me repentir de mon indulgence et de lui retirer le sursis ! »

7

Le retour d'Europe

Les deux semaines qui nous séparaient encore du retour de notre mère s'écoulèrent sans grands incidents. Il était cependant indéniable que, dans la famille, les nerfs d'à peu près tout le monde commençaient à être à vif. Un vent de révolte soufflait lorsqu'il nous fallait subir les remontrances ou les recommandations de notre sœur aînée. La moindre dispute dégénérait en bagarre.

Un jour, à table, Frank se plaignit amèrement de la fréquence avec laquelle Ernestine mettait au menu la soupe ou le ragoût de palourdes. Ce fut le début d'une grande bataille à laquelle participa la famille entière.

Ernestine adorait les palourdes. De plus, comme nous les pêchions nous-mêmes sur la plage, elles ne nous coûtaient rien. Mais Frank estimait que c'était vous dégoûter à jamais de ces coquillages et enlever à quiconque toute envie de faire des économies que d'en servir quatre jours sur sept. Ernestine riposta, la querelle s'envenima. Soudain, Frank saisit son bol plein de soupe et le renversa sur la tête d'Ernestine. Alors, celle-ci se leva, ruisselante, couronnée de palourdes et de pommes de terre, et, sans un mot, rendit la pareille à son frère. La famille se divisa sur-le-champ en deux camps tandis que gifles et coups de poing commençaient à pleuvoir. Anne ne put ramener le calme qu'au bout d'un long moment, lorsqu'il n'y eut plus une seule palourde ni une seule goutte de soupe dans les bols.

En guise de punition, Anne retint cette semaine-là une amende de vingt *cents* sur notre argent de poche. Et il n'y eut pas de récidive.

Tous les matins, nous guettions l'arrivée du facteur, car maman écrivait tous les jours, et ses lettres contenaient toujours un mot personnel pour chacun de nous. Mais surtout, elle nous annonçait que son voyage avait un grand succès et que les conférences qu'elle avait données à Londres et à Prague avaient été fort bien accueillies. Aussi caressait-elle à présent le projet d'ouvrir dès son retour à Montclair une sorte d'université libre où elle enseignerait les méthodes et les théories mises au point par notre père.

Nous avions installé sur la cheminée de la salle à manger un calendrier. Un grand cercle tracé au crayon rouge entourait la date du retour de maman. Et chaque matin, Liliane, désignée tout exprès pour cette mission, devait rayer le jour écoulé.

Le matin de l'arrivée de maman, on fit le ménage de fond en comble. Ensuite, nous descendîmes à la plage où nous prîmes un bon bain, moins pour nous délasser que pour nous laver, tant nous étions sales. De retour à la maison, chacun endossa ses habits du dimanche. Lorsque cette grande toilette fut terminée, nous faisions tous plaisir à voir. Marthe elle-même avait fort bonne mine dans ses vêtements d'emprunt.

Ernestine avait acheté pour le dîner un superbe rôti et elle passa le plus clair de l'après-midi à répéter à Tom comment elle l'écorcherait vif, lui et son chat, s'il s'avisait de le faire trop cuire ou de laisser Quatorze y mettre la patte. C'était le premier rôti qui entrait à la maison depuis notre arrivée à Nantucket.

Vers quatre heures, Liliane monta se poster tout en haut de l'un de nos deux phares afin de guetter l'approche du courrier de l'île. Dès qu'elle distingua la fumée au loin, elle se hâta de nous avertir, et Anne nous rassembla aussitôt dans la salle à manger. Elle passa alors une dernière revue de détail, puis entama un petit discours.

« Finalement, les choses ont très bien marché pendant l'absence de maman, dit-elle. La famille est au complet, tout le monde est en bonne santé. À présent que me voici sur le point d'abandonner mes fonctions, poursuivit-elle, protocolaire, je veux vous remercier tous pour avoir si souvent facilité ma tâche. » Elle marqua un temps, puis reprit : « Mais j'ai encore trois recommandations importantes à vous faire. » Elle leva la main droite, étendit trois doigts et annonça : « Il ne faudra rien dire à maman de ce qui suit : premièrement, l'aventure de Tom ; deuxièmement, notre bataille de l'autre jour ; et troisièmement, le premier bain de Marthe...

— Dis, Fred, qu'est-ce qu'elle nous raconte ? demanda Daniel entre haut et bas. Pourquoi est-ce qu'elle prend cette grosse voix et qu'elle agite le bras comme ça au-dessus de sa tête ?

— Attends, garnement, je vais te dire ce que je raconte, s'écria Anne, oubliant son rôle d'orateur-conférencier pour interpeller le perturbateur. Si tu t'avises d'ouvrir la bouche sur Tom et la dame anglaise, sur l'affaire des palourdes, ou encore sur le costume de bain de maman, je te mettrai en chair à pâté.

— Alors, tu ne veux pas que je parle du jour où

Marthe s'est baignée presque sans rien ? demanda Fred.

— Si l'on peut dire une chose pareille ! protesta Marthe, suffoquée.

— Mais oui, c'est bien cela, mon petit Fred », répondit Anne.

Nous nous mîmes en route pour le débarcadère. Jeanne fit une partie du chemin à pied, puis Anne et Ernestine la portèrent, assise sur une sorte de chaise qu'elles avaient formée en nouant leurs poignets et leurs mains.

Peut-être n'existe-t-il dans une vie humaine qu'une demi-douzaine d'occasions dont on puisse dire à coup sûr qu'elles vous ont apporté un parfait bonheur ?

C'est ce que fut l'après-midi de ce jour-là pour chacun de nous : nous n'avions que de la joie dans le cœur.

Quand le bateau eut doublé la pointe des Mulets, nous pûmes commencer à distinguer les passagers.

« Je vois maman, s'écria soudain Liliane d'une voix perçante.

— Où cela ? » fîmes-nous tous ensemble.

Mais Liliane était bien trop surexcitée pour s'expliquer.

« Maman, maman ! » s'écria-t-elle, et elle se mit à sauter sur place avec tant de frénésie qu'Anne l'attrapa fermement par sa robe pour l'éloigner du bord du quai.

Nous aperçûmes enfin notre mère. Elle agitait la main, et l'on eût dit qu'elle trépignait de joie, elle aussi.

Quelques minutes plus tard, le bateau accostait et maman s'engagea sur la passerelle, bataillant avec ses deux valises. Marthe n'était décidément pas la seule à vouloir faire l'économie d'un porteur...

Nous nous précipitâmes en groupe compact.

« Ah ! qu'il est bon de rentrer chez soi, nous dit maman, et comme vous êtes gentils d'être tous venus m'attendre ! »

Nous nous mîmes en route vers la maison, les plus jeunes accrochés aux jupes de notre mère.

« Je crois bien que vous avez grandi, dit maman, et vous avez une mine superbe sous votre hâle !

— Si tu nous avais vus quand nous avions la rougeole, fit Fred, tu ne nous aurais pas trouvés en aussi bon état...

— Nous étions malades comme des chiens, ajouta Daniel, et si tu savais ce que nous avons avalé comme huile de ricin !

— C'est très bien, dit maman distraitement. J'étais sûre que tout marcherait comme sur des... » Elle s'arrêta net et, prenant soudain conscience des paroles de Fred et de Daniel : « Quoi, la rougeole ? s'exclama-t-elle. Que s'est-il passé ?

— Je croyais te l'avoir écrit, fit Anne, l'air innocent.

— Grands dieux, ma fille, tu sais parfaitement que tu ne m'en as jamais parlé. Qui a eu la rougeole ?

— Tout le monde, répondit Anne. Cela nous a pris le jour de ton départ. » Elle se tourna vers les deux garçons. « C'est égal, leur dit-elle, vous auriez pu attendre que maman soit arrivée à la maison pour lui apprendre ce genre de nouvelle.

— Mais ce n'est pas ça que tu nous avais défendu de dire, protesta Fred.

— Seigneur, quelle autre maladie avez-vous encore eue ? » questionna maman avec inquiétude.

Anne secoua la tête.

« C'est bien sûr, vous m'avez tout dit ? insista encore maman.

— Tout ce qui était important, je t'assure ! » répondit Anne.

Maman se pencha et, allongeant le bras par-dessus la tête de Bob et de Jacques, elle saisit Anne par la taille et la serra très fort. Le visage de notre sœur aînée s'éclaira d'une joie qui prouvait que tous ses soucis des semaines écoulées étaient désormais oubliés.

Ernestine surveilla elle-même les dernières phases de la cuisson du rôti. Elle le servit, cuit à point, tendre à souhait. Nous avions mis des chandeliers sur la table dressée avec les couverts et l'argenterie des jours de fête. Des rameaux de laurier décoraient la salle à manger.

Maman trouva le rôti délicieux et elle appela Tom pour lui en faire des compliments.

« J'ai bien peur, mes enfants, qu'il ne nous soit plus possible d'acheter du rôti aussi souvent qu'autrefois, dit-elle après que Tom se fut retiré. J'espère que cela ne vous privera pas trop ?

— Mais non, maman, ne t'inquiète pas, assura Marthe.

— Il nous faudra compter davantage sur des plats plus avantageux, sur des choses moins chères, comme par exemple les viandes en ragoût, le poisson, la soupe aux palourdes.

— Moi, j'adore les palourdes, fit Ernestine en lançant à Frank un regard de défi. Et je ne demande pas mieux que d'en manger tous les jours !

— Elle aime tellement ça qu'elle s'en met jusqu'aux oreilles », riposta Frank avec un sourire entendu. Il se mit à rire et bégaya, en imitant Tom : « "Excusez-moi, je n'aurais pas dû faire ça, mais c'est... c'est plus fort que moi !"

— Mon Dieu, qu'as-tu donc ? demanda vivement maman. Je parie que tu as avalé de travers. Bill, tape-lui dans le dos.

— Mais non, maman, il n'a rien, dit Bill qui,

s'empressant néanmoins d'obéir, en profita pour allonger un bon coup de poing entre les épaules de Frank.

— Je crois que le moment est venu d'annoncer à maman la surprise que Marthe lui a réservée », dit Anne. Et, se tournant vers notre mère : « Figure-toi que nous avons seulement dépensé trois cents dollars sur les six cents que tu nous avais laissés.

— Mais c'est impossible ! se récria maman. Rien qu'avec vos frais de voyage et la note de lait... sans compter les vêtements que Marthe a dû se racheter... J'espère que vous n'avez rien vendu dans la maison ?

— Bien sûr que non, répondit Anne en riant. Demande plutôt des détails à Marthe : c'est elle qui a géré nos finances.

— Nous avons dépensé exactement deux cent quatre-vingt-seize dollars et cinq *cents,* déclara Marthe fièrement.

— Je ne comprends pas comment vous avez pu faire. En tout cas, si nous continuons ainsi, je n'ai plus besoin de m'inquiéter pour l'avenir. Nous aurons suffisamment d'argent. Mais il faudra que tu m'aides à diriger la maison, Marthe, car Dieu sait que je n'ai jamais été capable d'économiser autant que cela...

— Je te préviens qu'avec Marthe tu seras obligée de remplir une demande en trois exemplaires quand tu voudras acheter un timbre de deux *cents,* dit Anne en riant.

— Non, expliqua Marthe. Il y aura pour maman un régime spécial : elle n'aura qu'un seul papier à fournir et ce sera moi qui remplirai les deux autres.

— C'est entendu, mon petit », conclut maman le plus sérieusement du monde.

Maman nous avait rapporté à chacun un cadeau. La distribution se fit au dessert. Il y avait des poupées de Tchécoslovaquie pour Jeanne et Liliane, des écharpes achetées à Paris pour Marthe, Anne et Ernestine. Tout cela eut un grand succès.

En revanche, les garçons eurent beaucoup de mal à cacher leur déception lorsque, ayant ouvert leurs paquets, ils y trouvèrent un béret basque pour chacun.

« En France, tout le monde en porte, expliqua maman, et j'ai pensé que cela vous amuserait peut-être de lancer la mode ici.

— C'est justement cela dont j'avais envie, déclara Frank bravement, tandis que ses frères s'efforçaient de ne pas songer à l'accueil que leur feraient leurs camarades d'école s'il leur prenait un jour fantaisie d'arborer un couvre-chef aussi insolite.

— Je crains de ne pas savoir aussi bien que votre père choisir ce qui plaît aux garçons, dit maman.

— Quelle idée ! protesta Bill. Jamais papa ne

nous a rien rapporté de mieux : il nous donnait toujours un couteau de poche ou une montre.

— Eh bien, je me souviendrai de cela pour la prochaine fois que je partirai en voyage », promit maman.

Marthe lui demanda ensuite si elle avait pensé à son costume de bain en passant à Montclair, mais maman secoua la tête.

« Non, mon petit, répondit-elle. J'ai tellement eu à faire à New York que je n'ai pas eu le temps d'aller à la maison. Aussi t'ai-je acheté un costume neuf. »

Et elle tendit à Marthe un paquet.

« S'il m'arrive plus bas que le genou, me permettras-tu de le raccourcir ? » demanda Marthe en coupant la ficelle.

Maman se mit à rire.

« Sois tranquille, il ne sera pas trop long : c'est un maillot.

— Un maillot ? s'exclamèrent Anne et Ernestine d'une seule voix.

— Vous savez bien que les jeunes filles de votre âge ne portent plus du tout ces costumes en deux pièces, dit maman.

— Pourtant, nous en avons encore un, objecta Ernestine. Rappelle-toi ce que nous disait papa.

— Les temps changent, expliqua maman. Votre père lui-même en eût convenu : s'il était très en avance sur son époque dans beaucoup de domaines, je dois dire qu'il en allait tout différemment en ce qui concernait la tenue de ses filles. »

Marthe avait sorti le maillot du paquet. Il était bleu ciel, avec une encolure décolletée.

Anne et Ernestine restaient muettes de stupéfaction. Marthe les regarda. Elles lui firent pitié.

« Tu sais, maman, je crois que l'état de nos finances nous permettrait sans doute d'acheter aussi un maillot à Anne et à Ernestine, suggéra-t-elle.

— Mais pourquoi donc ? Elles ne le trouveraient pas assez pudique... », railla Frank.

Les deux aînées se tournèrent vers leur mère sans mot dire.

« Il me semble que nous allons pouvoir faire l'emplette d'un couteau neuf pour chacun des garçons, déclara maman. Quant aux maillots, je pense que nous n'en aurons pas besoin. »

Et elle tendit à Anne, puis à Ernestine un paquet semblable à celui de Marthe.

8

Treize à la douzaine

Tous les ans, à l'automne, maman emmenait les garçons à New York et faisait avec eux la tournée des grands magasins pour les habiller de neuf. Mais cette année-là, afin de gagner du temps, elle décida de procéder à ces achats en revenant de Nantucket, puisqu'il nous fallait passer par New York pour regagner Montclair.

Avant de quitter Nantucket, Ernestine, en sa qualité de chef du service des achats, avait fait l'inventaire du trousseau de ses frères et remis à maman la liste des articles nécessaires.

Le trajet de Nantucket à New York s'étant déroulé sans incident, Anne et ses sœurs poursuivirent leur voyage directement jusqu'à Montclair, escortées par Tom et par Frank. Maman estimait en effet qu'à seize ans celui-ci serait fort capable d'acheter lui-même ses vêtements dans notre ville.

Il était encore de bonne heure lorsque nous arrivâmes au magasin et nous trouvâmes le rayon des garçonnets presque désert. Un vendeur se précipita vers maman, manifestement enchanté par la perspective de commencer la journée avec un groupe aussi imposant de clients éventuels. C'était un homme entre deux âges. Grassouillet, mais tiré à quatre épingles, il portait un appareil acoustique maintenu sur ses oreilles comme une sorte de casque à écouteurs.

« Alors, mes petits amis, s'écria-t-il – jovial et avec une cordialité visant à bien persuader ses interlocuteurs qu'il n'était au fond qu'un grand enfant, tout pareil à eux –, on s'apprête à retourner à l'école, hein ? Mais je suis sûr que vous attendez cela avec impatience, n'est-ce pas ? », et se mettant à rire, d'un revers de main, il ébouriffa les cheveux de Bob.

Celui-ci se cacha dans les jupes de maman.

« Et maintenant, madame, que désirez-vous ? demanda le vendeur, sur un ton plein d'espoir. Un costume pour chacun de ces jeunes gens ?

— Oui, monsieur », répondit maman, tandis que l'homme, persuadé que c'était là son jour de chance, prenait un air rayonnant.

Maman ouvrit le petit cabas qui lui tenait lieu de sac à main et en sortit successivement des épures sur papier calque, le brouillon d'un discours qu'elle préparait, une revue technique (*L'Âge du fer*), un fichu qu'elle tricotait pour sa mère, deux paires de chaussettes raccommodées sur le bateau de Nantucket et, enfin, son calepin noir.

« Voyons, dit-elle en consultant la liste dressée par Ernestine, il nous faut cinq costumes, quinze cravates, vingt tricots et caleçons, vingt-cinq paires de chaussettes, vingt chemises et cinq paires de chaussures.

— Très bien, madame, fit le vendeur avec un large sourire.

— Dis, maman, on laisse donc le monsieur écouter la radio pendant qu'il travaille ? demanda soudain Daniel.

— Ce n'est pas la radio, mon petit, répondit maman, fort embarrassée mais qui avait pour principe de toujours fournir une réponse quand ses enfants l'interrogeaient. C'est un appareil acoustique. Seulement, tu sais, ce n'est pas très poli d'en parler.

— Oh ! monsieur, je vous demande pardon », fit aussitôt Daniel, sincèrement navré. Puis il questionna à voix basse : « Dis, maman, qu'est-ce que c'est, un appareil acoustique ?

— C'est quelque chose qui permet de mieux

entendre. Ce monsieur est un peu sourd, murmura maman. Et à présent, mon petit, il ne faut plus parler de cela.

— Si vous voulez bien me suivre, dit le vendeur, je crois que nous trouverons ce que vous désirez.

— Nous ne voulons pas mettre plus de dix-sept dollars par costume, annonça Bill, à qui ses sœurs avaient fait la leçon. Et il nous faut deux culottes avec la veste. »

Fred donna un coup de coude à Bill.

« Parle plus fort, conseilla-t-il. Le monsieur est sourd.

— Nous ne voulons pas mettre plus de dix-sept dollars, répéta Bill à tue-tête.

— Je le sais, répondit le vendeur avec calme. J'avais bien entendu la première fois. Ce n'est pas la peine de crier.

— Excusez-moi, fit Bill, lançant à Fred un regard furibond.

— Écoutez, mes enfants, reprit l'homme. Inutile de faire un mystère de mon appareil. Tous les petits garçons me demandent des explications à son sujet, et je vais vous montrer comment il fonctionne. »

Il expliqua à ses clients qu'il portait une petite pile sèche dans sa poche-revolver et manœuvra sous leurs yeux le bouton du rhéostat dissimulé à l'intérieur de son veston.

« Et à présent, jeunes gens, revenons à nos

affaires », conclut-il en amenant à lui toute une série de cintres enfilés sur une glissière. Il se tourna vers notre mère. « Voici une série d'articles démarqués, madame.

— Combien valent-ils ? s'enquit Bill.

— Ils étaient à trente dollars, poursuivit le vendeur, et c'est une occasion particulièrement avantageuse.

— Combien ? répéta Bill.

— Dix-neuf dollars cinquante.

— Je regrette, mais c'est trop cher, déclara Bill. Il nous faut quelque chose de meilleur marché.

— Je ne sais pas trop, dit alors maman. Nous pourrions quand même regarder ces costumes et voir s'ils vous plaisent. »

Bill secoua la tête.

« Inutile, ils ne nous plaisent pas, décida-t-il. Ernestine ne dirait peut-être rien, mais Marthe nous ferait un esclandre. Nous lui avons promis de ne pas dépasser dix-sept dollars.

— Tu as sans doute raison, convint maman.

— Ernestine ? Marthe ? répéta machinalement le vendeur, éberlué.

— Ernestine est chef de notre service d'achats et Marthe administre nos finances, expliqua Bill avec gravité.

— Je comprends, dit le vendeur qui présenta une seconde série de costumes. Voici notre affaire, annonça-t-il. Ceux-ci sont en réclame à dix-sept dollars. Ils en valaient vingt-cinq. Quelle teinte désirez-vous, madame ?

— Nous allons laisser les enfants choisir, répondit maman en souriant. Voudriez-vous avoir l'amabilité de commencer par Bill ? C'est le grand blond.

— Quel coloris préférez-vous, jeune homme ?

— La couleur n'a pas d'importance, dit Bill.

— Alors, quel genre de tissu ?

— Ça n'a pas d'importance non plus. Je voudrais qu'il y ait des boucles en bas de la culotte pour tenir mes chaussettes. »

Le vendeur se tourna sans mot dire vers maman qui, dans l'intervalle, s'était installée sur une chaise et, armée d'un crochet, travaillait à son fichu avec ardeur.

« Cela me paraît une bonne idée, mon petit, convint-elle sans lever les yeux. Je crois qu'avec ton dernier costume tu ne parvenais pas à faire tenir tes chaussettes, n'est-ce pas ? »

Bill commença par passer en revue les vêtements accrochés aux cintres. Il en essaya trois ou quatre, puis les élimina, jugeant que les boucles n'offraient pas une garantie suffisante. Enfin, il découvrit un modèle gris, avec une ceinture, et qui lui parut convenir.

« Celui-là me plaît, dit-il en se tournant vers

maman afin qu'elle puisse voir comment lui allait le costume.

— C'est exactement votre taille », observa le vendeur.

La sueur commençait à lui perler sur le front après qu'il eut décroché et raccroché en si peu de temps une si grande quantité de vêtements.

Maman tâta l'étoffe.

« Je le trouve seyant, dit-elle. De plus, il a l'air solide et il est bien coupé. »

Le vendeur poussa un soupir de soulagement.

Quand les cinq garçons eurent fait leur choix, le rayon ressemblait à une chambre de sapeurs pompiers réveillés en pleine nuit pour courir au feu. Vestes, culottes, pantalons et blousons étaient éparpillés sur les chaises et les tables, accrochés n'importe où ou bien jetés en tas sur le parquet, tels que les jeunes clients les avaient laissés. Quant aux longues tringles métalliques qui supportaient les cintres, elles étaient aussi dépouillées que les perchoirs d'un élevage de dindes après les fêtes de Noël.

Le vendeur, qui à présent suait à grosses gouttes, conduisit ensuite maman au comptoir des sous-vêtements.

« Nous voulons des caleçons à un dollar, annonça Bill.

— Bien », fit le vendeur. Il savait que rien ne

déciderait Bill à dépasser d'un centime le prix fixé.

« Quelle couleur ?

— Pas d'importance. La seule chose dont nous ne voulons pas, c'est le genre accordéon.

— Accordéon ? répéta l'homme ahuri.

— Oui, vous savez, le genre qui fait des plis et s'entortille autour des jambes », expliqua Bill patiemment.

Le vendeur prit un air résigné et, tirant à lui des boîtes rangées sur un rayon, il récapitula :

« Voyons, pas plus d'un dollar, n'importe quelle couleur, pas d'accordéon... Je dois dire que vous n'êtes pas des clients comme les autres... »

Le modèle finalement choisi était en réclame, mais on ne le présenta aux garçons qu'en dernier lieu, après qu'ils eurent rejeté successivement tous les autres, en vente au rayon.

« Voilà ce que nous voulons, déclara Bill, dès que les articles démarqués eurent enfin quitté le dessous du comptoir. Vous nous en donnerez vingt, s'il vous plaît. Maman va vous dire les tailles. »

Le vendeur secoua la tête.

« Je regrette, jeune homme, mais c'est impossible. Dans cette série-là, nous ne vendons pas plus de trois articles par client. La maison perd de l'argent sur cette marchandise qui est sacrifiée.

— Nous ne voudrions pas provoquer la faillite du magasin, concéda Bill, magnanime. Dans ces conditions, comme nous ne sommes que six garçons dans la famille, nous ne pourrons donc emporter que dix-huit caleçons. »

Le vendeur avait à présent l'œil égaré, la cravate en bataille et la démarche d'un somnambule. Il demanda à maman les différentes tailles de sous-vêtements et ajouta ceux-ci à tout ce que nous avions déjà acheté. Puis nous nous dirigeâmes avec lui vers le rayon des chaussures. Là, il nous fit une proposition :

« Si vous vouliez d'abord m'expliquer en détail ce que vous désirez, cela gagnerait du temps et m'épargnerait peut-être de vous montrer toutes les chaussures que nous avons en magasin...

— Cette fois, tâchons de faire vite, recommanda Bill à ses frères. Nous accaparons ce monsieur depuis déjà trop longtemps.

— Je ne pense pas, continua le vendeur, s'adressant à maman sans plus se soucier de Bill, que vous ayez l'intention de choisir ce qui s'achète pour des garçons : une chaussure d'usage, noire et montante, par exemple ?

— Mais si, c'est justement ce que nous voulons, s'écria Bill.

— J'aurais plutôt cru que la couleur vous serait égale ainsi que la hauteur de la tige, pourvu que les œillets ne rouillent pas et que les lacets soient en véritable cuir de vache du Far West. »

Après maintes paroles, les garçons achevèrent enfin de choisir chaussures, chemises, cravates et chaussettes.

« Nous vous avons donné beaucoup de mal, dit maman au vendeur. Mais j'estime que les enfants doivent apprendre à acheter ce dont ils ont besoin. Vous n'êtes pas de mon avis ?

— Pardon, que dites-vous ? fit l'homme, cherchant fiévreusement le bouton de rhéostat dissimulé dans sa poche. Excusez-moi, j'avais coupé le contact depuis un bon moment : je ne pouvais plus supporter d'en entendre davantage.

— Vous voulez dire, demanda maman (et les garçons eurent l'impression de discerner une trace d'envie dans l'intonation de sa voix), qu'il vous suffit de tourner un bouton pour ne plus rien entendre du tout ? »

Le vendeur hocha la tête.

« Mon Dieu, fit maman, c'est extraordinaire ce que la science est capable de faire ! »

Le doute n'était plus possible : c'était bien de l'envie qu'exprimait sa voix.

9

Notre école

À la rentrée, huit d'entre nous retournèrent en classe à Montclair. Anne partit pour l'université du Michigan. Cependant, maman se mettait à la tâche pour essayer de faire vivre toute la famille. La situation financière était moins bonne qu'elle ne l'avait espéré, car les grosses entreprises qui avaient passé contrat avec notre père se récusèrent sous divers prétextes, le moment venu de renouveler leurs engagements. En réalité, les dirigeants estimaient que, quelle que fût la compétence de notre mère, une femme ne serait jamais capable d'exercer efficacement la profession d'ingénieur-conseil ni d'imposer ses vues au personnel d'une usine.

Les cours d'*Étude et rationalisation des gestes professionnels,* dont notre mère avait eu l'idée pendant son voyage en Europe, restaient donc notre seul espoir. Si les industriels refusaient de lui laisser prendre la succession de notre père, en revanche, ils accepteraient peut-être de lui envoyer leurs ingénieurs. Elle leur enseignerait ses méthodes qu'ils pourraient ensuite mettre en œuvre eux-mêmes dans leur entreprise.

Maman adressa une lettre circulaire aux anciens clients de papa, ainsi qu'à un certain nombre d'industriels qui s'étaient intéressés à son activité. Elle les informait que des cours s'ouvriraient prochainement à Montclair.

Maman avait fait ses calculs : si elle avait moins de six élèves, il lui faudrait renoncer à se tirer d'affaire. Il ne nous resterait plus qu'à aller nous installer en Californie, chez nos grands-parents, ou bien à confier quelques-uns d'entre nous à des amis de papa.

Avec six élèves, nous pourrions rester tous ensemble à Montclair. Mais avec plus de six, il y aurait assez d'argent à la maison pour qu'Ernestine entre à l'Université, l'année suivante.

Certains parents ont déjà beaucoup de mal à préparer un seul enfant pour l'école chaque matin. Notre mère en venait à bout avec huit.

Debout à cinq heures et demie, de six à sept, elle aidait les plus petits à faire leurs lits et à ranger leur chambre, tout en les écoutant réciter leurs leçons. À sept heures, elle réveillait les aînés. Puis on déjeunait. À huit heures, nous partions pour l'école. Maman confiait alors Bob et Jeanne à Tom en lui donnant ses consignes pour la journée. Après quoi, elle entrait dans son bureau. Miss Butler, l'unique secrétaire qu'elle eût conservée, prenait son service à neuf heures.

Il nous était défendu de pénétrer dans le bureau sans frapper et nous n'y étions admis que pour un motif important. Oh ! bien sûr, nous frappions à la porte, mais il se trouvait que maman n'était pas toujours d'accord avec nous sur l'opportunité de notre visite.

Finalement, elle prépara un grand tableau qu'elle accrocha au mur de son bureau. Si l'un de nous entrait pour un motif futile, elle lui disait :

« Voudrais-tu faire une croix sur le tableau en face de ton nom ? J'aimerais me rendre compte du nombre de fois où l'on vient me voir dans une semaine. »

L'indiscret obéissait, rouge de confusion, tandis que Miss Butler riait sous cape.

« Merci, mon petit, poursuivait alors maman sans

l'ombre d'un sourire. Cela fait combien pour toi depuis lundi ?

— Huit.

— Allons, ce n'est pas aussi grave que pour Tom. Il en est déjà à trente ! »

Tom considérait que ses propres visites à notre mère étaient toujours d'une extrême importance.

« Voudriez-vous venir un instant à la cuisine, madame, demandait-il en passant la tête à la porte du bureau, j'ai quelque chose à vous montrer.

— Est-ce vraiment nécessaire ? s'informait maman.

— Vous savez bien qu'autrement je ne vous dérangerais pas...

— Pouvez-vous faire une croix sur mon tableau, s'il vous plaît ?

— Volontiers. Ah ! vous avez eu une bonne idée, et ça marche, votre système : les enfants vous dérangent beaucoup moins souvent à présent.

— Oui, je crois qu'eux ont compris... »

Maman levait les yeux au ciel, pour l'édification de Miss Butler, et, fataliste, suivait Tom à la cuisine. Là, on lui présentait un barbouillage exécuté par Bob, ou bien une taupe ramenée du jardin par le Président, ou encore le nouveau tour que Tom venait d'apprendre à son chat.

Deux semaines s'écoulèrent sans que nous

parvînt une seule réponse à la lettre circulaire envoyée par maman. Et puis, il en arriva cinq en deux jours : elles émanaient de diverses entreprises nord-américaines. Une semaine passa encore, pendant laquelle nous crûmes vraiment que tout espoir était perdu de recruter suffisamment d'élèves. Mais des inscriptions arrivèrent enfin, de l'étranger cette fois. C'étaient celles d'un ingénieur japonais, d'un technicien belge et d'un chef de service d'une usine britannique de produits alimentaires.

Cela faisait huit étudiants et, lorsque l'argent des cours eut été versé, Marthe déclara que le compte en banque était à présent suffisant pour nourrir toute la famille pendant une année, permettre à Anne de terminer ses études à l'Université et à Ernestine de l'y rejoindre.

Maman avait l'intention d'enseigner ainsi pendant cinq ans. D'ici là, les deux aînées auraient obtenu leur diplôme, Marthe et Frank seraient étudiants, eux aussi. Il ne resterait donc plus que sept enfants à la maison – ce qui permettrait à maman de s'absenter davantage et peut-être de se constituer une clientèle comme ingénieur-conseil.

La veille du jour où ses cours devaient commencer, maman nous expliqua qu'elle comptait sur nous pour lui faciliter la tâche.

« Je suis sûre, dit-elle, que personne ne viendra au bureau ni au laboratoire, à moins qu'il ne s'agisse d'une chose grave. Enfin, j'espère que vous réserverez bon accueil à mes élèves. »

Nous répondîmes que nous ferions de notre mieux. Cependant, nous étions assez inquiets à la pensée de ces inconnus qui allaient envahir notre maison et, à longueur de journée, accaparer notre mère.

« Et puis, je parie que ce sont tous de vieux bonzes hors d'âge qui vont trouver que le bruit les empêche de travailler, dit Frank.

— Pas du tout, protesta maman. Je les ai déjà vus et ils sont très gentils.

— Il faudra faire des politesses à ces messieurs et leur tenir compagnie. Ça va être gai », dit Ernestine en soupirant.

Maman eut un sourire.

« Tu seras surprise quand tu les verras, dit-elle. Et puis, j'avais oublié de préciser que, sur les huit, il y a une femme, Miss Pills. Elle vient de New York.

— Elle doit avoir une moustache de grenadier, porter un tailleur de tweed et des talons plats », conclut Ernestine.

Tom n'était pas plus enchanté que nous, car il se trouvait que, par-dessus le marché, l'un des élèves était un Anglais.

« Comme si je n'avais déjà pas assez de travail,

sans ces gens-là, bougonnait-il. En tout cas, qu'ils s'arrangent pour ne pas mettre les pieds dans ma cuisine ! Et l'Anglais encore moins que les autres, sans parler du Japonais, bien sûr ! »

Le lendemain, lorsque les élèves se présentèrent, nous étions tous cachés dans l'escalier pour les voir arriver : le premier fut M. Yoyogo, l'ingénieur japonais. Tom, en tablier blanc et toque de cuisinier, répondit à son coup de sonnette.

« Ça doit être vous, Yogo », fit-il d'un ton revêche, en omettant à dessein de dire "monsieur". Mais ce fut par inadvertance qu'il écourta le nom du personnage. Et il continua, désignant un placard : « Vous pouvez accrocher votre chapeau et votre pardessus là-dedans, avant d'entrer ici. »

Il montra une porte et, sans plus d'égards, s'apprêta à regagner la cuisine.

« Vous êtes sans doute Tom, dit M. Yoyogo. Mme Gilbreth nous a beaucoup parlé de vous. Il paraît que vous êtes un homme extraordinaire, capable de tout faire, la cuisine, la lessive et le ménage, le marché et même le bricolage. Vous avez dû étudier la rationalisation des gestes professionnels, vous aussi. »

Tom fit volte-face.

« Donnez-moi votre chapeau et votre pardessus, monsieur, dit-il.

— Il va falloir que j'observe votre méthode de travail, poursuivit M. Yoyogo.

— Je vous apprendrai ce que je sais, monsieur », déclara Tom, ouvrant la porte du bureau.

Les six autres messieurs arrivèrent ensemble. Tom les fit entrer dans le vestibule. Leur âge oscillait entre vingt-cinq et trente-cinq ans, et deux d'entre eux étaient grands, bruns et particulièrement séduisants.

« Mon Dieu, murmura Ernestine, ravie, regardez-les donc : ils sont vraiment très bien. Quand Anne saura cela, elle va être désolée de ne pas être ici.

— Je dois dire que je ne les imaginais pas du tout comme cela », convint Marthe.

Une nouvelle surprise nous attendait à l'arrivée de Miss Pills : celle-ci était une jeune femme charmante. Blonde, mince, élégante, elle conquit d'emblée notre Tom. Et il plongea dans un si profond salut pour l'accueillir, qu'il en perdit sa toque blanche.

Cependant, il nous fallut partir pour la classe ce matin-là sans avoir fait la connaissance des nouveaux venus. Le lendemain, heureusement, notre mère annonça qu'elle comptait les retenir pour le thé et qu'à condition de rentrer directement de l'école nous pourrions goûter avec eux.

Maman commençait les présentations quand Tom survint.

« Si vous aviez le temps de faire un tour à la cuisine, madame, je vous montrerais quelque chose d'important, dit-il.

— Cela peut-il attendre que nous ayons fini de goûter ? »

Tom prit un air consterné.

« Ma foi, oui, sans doute, dit-il.

— J'espère que ce n'est pas une taupe ou une souris rapportée du jardin par le Président ?

— Oh non, madame, c'est tout autre chose. »

Tom n'eut pas plus tôt tourné les talons que maman commença à regretter de lui avoir fait de la peine.

« Si ce n'est pas le Président, alors, ce doit être le chat, dit-elle. Il vaut mieux que j'aille voir, sinon Tom m'en gardera rancune. » Et, se levant de sa chaise : « Excusez-moi un instant...

— Pourrions-nous vous accompagner ? questionna Miss Pills. Je meurs d'envie de savoir ce que Tom va vous présenter.

— Bien volontiers, et je suis sûre qu'il en sera enchanté », dit maman.

Tout le monde se rendit à la cuisine où Tom se montra ravi d'accueillir un public aussi nombreux.

« Vous savez, madame, que les enfants marchent toujours sur la queue de Quatorze quand il est en train de manger ? commença-t-il. Aussi, à présent, je mets son écuelle de lait sur la glacière.

— Vous avez eu une très bonne idée, approuva maman.

— Je l'ai fait monter là-haut deux fois, et puis regardez ce que je lui ai appris. »

Tom ouvrit la glacière et se pencha à l'intérieur, comme pour y prendre une bouteille de lait. Le chat, qui guettait ses gestes, réfugié sous la table, s'élança soudain, lui sauta sur le dos et, de là, bondit sur le haut du meuble.

« Bravo ! » s'écria M. Yoyogo, avec un enthousiasme qui lui valut certainement d'être admis parmi les membres du Club de Tom pour une durée d'au moins mille ans et quatre jours.

Tous les assistants renchérirent et complimentèrent Tom.

« Je me demande s'il ferait aussi son tour avec vous », dit Tom, s'adressant à maman. Il prit le chat et le déposa à terre. « Vous n'avez qu'à vous pencher un peu comme si vous alliez prendre une bouteille dans la glacière. »

Maman frissonna.

« Je ne pourrais pas supporter de sentir Quatorze me sauter sur le dos, déclara-t-elle. Rien que d'y penser me donne la chair de poule. »

Nous savions tous que notre mère avait son talon d'Achille. Et quelquefois, lorsque nous voulions lui faire une farce, il nous suffisait d'arriver sans bruit derrière elle et de commencer soudain le jeu de la petite souris qui monte, qui monte... Dès qu'elle sentait nos doigts courir légèrement le long de son dos, elle se mettait à pousser des cris perçants, comme une petite fille.

Finalement, ce fut M. Yoyogo qui offrit de se prêter à l'expérience, et Quatorze accomplit son tour d'aussi bonne grâce qu'avec son maître.

« Quand je vous le disais, s'exclama Tom, triomphant, jamais vu un chat comme ça !

— C'est extraordinaire, convint Miss Pills. Et dorénavant, lorsque vous demanderez à Mme Gilbreth de venir voir quelque chose à la cuisine, nous irons tous avec elle. Je n'aurais pas voulu manquer ce que je viens de voir pour un empire ! »

Miss Pills gagna d'emblée son admission au Club pour mille ans et quatre jours, elle aussi.

Lorsque nous eûmes regagné le salon, M. Bruce, un Américain, pria maman de poursuivre les présentations interrompues.

« Je parie que vous avez joué au football quand vous étiez petit ? fit soudain Bill à M. Bruce.

— Ma foi, oui, reconnut M. Bruce. Mais il y a longtemps de cela. »

La conversation s'étant orientée sur ce thème, on s'aperçut qu'à l'exception de M. Yoyogo qui ne connaissait d'autre jeu occidental que le base-ball, tous ces messieurs étaient d'anciens adeptes du football ou du rugby.

« Auriez-vous par hasard un ballon ? demanda M. Bruce. On pourrait s'amuser de temps en temps à faire quelques passes.

— Mais oui, dit Bill. Si nous commencions tout de suite ?

— Oh non, pas maintenant, s'écria M. Bruce vivement. Je ne voulais pas dire aujourd'hui : nous sommes en train de goûter.

— Ne vous embarrassez pas de cela si vous avez envie de jouer, fit maman. Emmenez les garçons. Miss Pills et moi, nous allons bavarder avec les filles pendant ce temps-là. »

« Ces messieurs », après s'être dûment excusés auprès de notre mère, suivirent les garçons sur la bande de terrain qui longeait la maison. Là, ils se divisèrent aussitôt en deux camps et la partie commença. Seul M. Yoyogo resta à l'écart, déclarant qu'il préférait regarder d'abord afin d'apprendre les règles du jeu.

Pendant ce temps-là, maman, Miss Pills et les filles s'étaient installées sous la véranda et regardaient se dérouler la partie de ballon. Maman reprisait des chaussettes, la petite Jeanne assise sur l'accoudoir de son fauteuil, tandis que Miss Pills enseignait à Marthe et à Ernestine une nouvelle façon de se coiffer.

Le soir au dîner, lorsque les élèves eurent regagné

New York, maman nous annonça leur intention de prendre tous les jours un peu d'exercice.

« Ils pensent que cela leur fera beaucoup de bien, dit-elle.

— Les inviteras-tu demain, à goûter ? demanda Ernestine.

— Oui, à quatre heures, répondit maman.

— Alors, nous pourrons commencer la partie de football à quatre heures et demie au plus tard », dit Frank.

10

Une cuisine modèle

Maman se disait que la meilleure façon d'acquérir rapidement une clientèle d'ingénieur-conseil était de mettre ses théories en œuvre dans l'organisation de la cuisine.

Ses élèves l'aidèrent à combiner un batteur-mélangeur électrique, et dessinèrent avec elle les plans de cuisinières et de réfrigérateurs d'un type nouveau. C'est ainsi que maman fut la première à concevoir l'organisation d'une cuisine modèle comparable à celles que l'on voit aujourd'hui dans tant d'immeubles. Les divers éléments la composant y étaient disposés de telle façon que l'on pouvait préparer un gâteau, le mettre au four et laver la vaisselle sans faire plus d'une douzaine de pas. Facilité d'entretien, économie de temps et de fatigue, tels étaient les buts que visait notre mère.

Au vu de ses plans, une importante maison de New York lui signa un contrat. Les honoraires prévus étaient fort modestes, mais c'était là un premier point marqué par maman.

Ensuite, l'un des chefs de l'entreprise signala à la presse cet événement dans un dessein publicitaire. Les journalistes se jetèrent naturellement sur l'histoire.

L'entreprise décida alors notre mère à donner une conférence de presse à New York. Et cette manifestation fut tellement convaincante que tous les auditeurs s'imaginèrent que notre propre cuisine, à Montclair, devait être un modèle.

En réalité, c'était exactement le contraire. La maison datait d'une époque où l'on aimait avoir partout de l'espace, et l'on avait conçu la cuisine de façon à ce que trois ou quatre domestiques puissent s'y mouvoir à l'aise. C'est ainsi que, pour confectionner un simple gâteau (ou du moins ce que Tom désignait ainsi), il fallait parcourir cinq cents mètres en allées et venues. La distance de l'évier au réchaud à gaz était de six mètres. On rangeait les provisions dans un placard qui était également à six mètres du réchaud et à douze de l'évier. Quant à la vaisselle,

elle avait sa place dans l'office, à l'autre bout de la pièce.

La glacière était installée dans une sorte de niche. Pour y parvenir, il fallait d'abord contourner une sellette sur laquelle la cage à serins trônait en permanence. Après quoi, l'on devait faire le tour de la table. Sur celle-ci traînaient les outils de Tom, des illustrés, des romans d'aventures de la série du « Far West », et de vieux journaux. Ces deux obstacles franchis, l'on se trouvait encore obligé d'enjamber le Président ou bien Quatorze couché en travers du chemin.

Cependant, un beau jour, maman eut la surprise de s'entendre appeler au téléphone par un cinéaste d'une société de films d'actualités. Il lui demanda l'autorisation de venir la filmer dans sa cuisine modèle.

« Ce serait avec plaisir, répondit maman, malheureusement, nous n'avons pas encore eu la possibilité d'équiper notre maison de façon moderne. Je n'en suis pour l'instant qu'au stade des aménagements sur plan...

— Aucune importance, madame, c'est sur vous que nous ferons porter l'intérêt, en vous filmant dans votre maison. Nous voulons d'abord du pittoresque, du vivant, bref de l'humain. Rien de technique : il nous suffit de vous et de vos enfants, dans votre cuisine.

— Je vois, fit maman, de l'humain... »

Et elle imaginait la scène, songeant à l'installation fantaisiste et au désordre de notre Tom. « Mon dieu, se disait-elle, pourquoi ces gens ne s'intéressent-ils pas plutôt au genre animal ? Il serait aisé de les satisfaire. »

Mais l'homme poursuivait :

« Nous pouvons venir cette semaine, le jour qui vous conviendra.

— Eh bien, c'est entendu, fit maman, vaincue. Disons : samedi prochain. À trois heures de l'après-midi. »

Les élèves de maman ne venaient pas le samedi et – ce qui était encore plus important – Tom sortait habituellement après le déjeuner. Ainsi, le champ serait libre. En effet, nos parents avaient maintes fois essayé d'apporter diverses améliorations à l'agencement de la cuisine. Mais nos domestiques avaient toujours fait une telle obstruction qu'il avait fallu renoncer. C'est pourquoi maman décida de tenir Tom à l'écart de ses projets.

Elle dessina un plan pour l'aménagement de la cuisine, puis elle convoqua le plombier et un employé du gaz pour le samedi afin de leur faire déplacer l'évier et le réchaud. Tom partait d'habitude vers une heure de l'après-midi et ne rentrait que le dimanche matin. Mais, cette fois, maman lui donna sa journée entière. Il s'en alla donc après le petit déjeuner.

Les deux ouvriers terminèrent leur besogne à midi. Puis nous descendîmes les outils de Tom et son arsenal de lecture à la cave. Quant aux serins, on les installa dans la mansarde de leur maître.

Après quoi, maman dessina à la craie sur le carrelage le nouvel emplacement de la table et de la glacière, auxquelles elle ajouta un petit buffet destiné à recevoir l'essentiel de la batterie de cuisine et des provisions. Nous mîmes le tout en place. La cuisine fut ensuite balayée et le carrelage nettoyé. Puis l'on disposa une seconde table et quelques chaises dans le coin qu'occupait auparavant la cuisinière à gaz.

Ensuite, maman fit le simulacre de confectionner un soufflé aux pommes, afin de se familiariser avec la nouvelle disposition des lieux. Grâce à celle-ci, elle avait à peine besoin de se déplacer, pouvant atteindre tout ce qui lui était nécessaire en se tenant au centre de l'espace dont elle disposait.

Soit dit en passant, le soufflé aux pommes était le seul mets dont maman fût jamais parvenue à retenir la recette. Elle avait grandi dans une maison où un chef chinois avait la haute main sur les opérations culinaires. Et, après son mariage, elle n'avait guère eu le temps d'apprendre à faire la cuisine. Mais comme le soufflé aux pommes était le dessert favori de notre père, elle s'était appliquée à en étudier la technique.

Lorsque les cinéastes se présentèrent, nous étions tous en habits du dimanche.

Tandis que les techniciens installaient les projecteurs dans notre salon, le cinéaste qui dirigeait la prise de vues exposa le scénario qu'il avait imaginé.

Maman se mettrait au piano et nous nous grouperions autour d'elle pour chanter. Puis elle se tournerait vers nous, poserait une question, et, en guise de réponse, chacun de nous prendrait une mine gourmande en se pourléchant et en se caressant l'estomac. La scène se transporterait ensuite dans la cuisine où l'on filmerait la maîtresse de maison en train de préparer un plat quelconque, avec le minimum de gestes. Et le dernier tableau se déroulerait de nouveau dans le salon, tandis que nous dégusterions ce qu'aurait cuisiné maman.

« Pourriez-vous faire quelque chose qui prenne très peu de temps ? demanda le metteur en scène.

— Je crois que oui, répondit maman.

— Écoute, maman, dit Frank, pourquoi ne nous ferais-tu pas un soufflé aux pommes ? »

Maman se mit à rire. Et, se tournant vers le cinéaste, elle expliqua :

« Cet enfant se moque de moi parce que je ne

connais rien en cuisine, à l'exception du soufflé aux pommes. »

L'homme protesta fort courtoisement que maman était sans doute trop modeste.

La première scène se déroula sans encombre. Il s'agissait naturellement d'un film muet, comme l'étaient encore ceux de cette époque. De sorte qu'il nous fallait tout exprimer par des gestes, à la manière d'une pantomime.

Nous nous transportâmes ensuite à la cuisine, dont l'aménagement impressionna fort les opérateurs.

Lorsque les éclairages furent réglés, maman se mit à l'œuvre. Elle alluma son four, éplucha les pommes, mélangea, tamisa différents ingrédients. Puis elle beurra son plat. La caméra ronronnait.

Enfin, maman se tourna vers la glacière, l'ouvrit et, se penchant à l'intérieur, prit deux œufs d'une main et de l'autre une bouteille de lait. Elle n'eut pas le temps de se redresser : Quatorze surgit du fond de la cuisine et sauta sur le dos de maman. Elle poussa un cri perçant. Ses mains volèrent au-dessus de sa tête, lâchant les œufs et le lait qui se répandirent aux quatre coins de la pièce.

« Coupez ! hurla le metteur en scène aux opérateurs. Que diable se passe-t-il ?

— Qui a fait ça ? » s'écria maman, furieuse.

Soudain, elle avisa Quatorze qui tournait en rond sur la glacière, la queue en chandelle, très fier de lui. Elle le regarda, indécise, se demandant si elle allait lui tordre le cou sur-le-champ ou bien attendre pour cela que tout le monde soit parti.

« J'aurais dû m'en douter, murmura-t-elle. En une occasion comme celle-ci, ce ne pouvait être les enfants... »

Nous ne pûmes nous empêcher de rire. Et les cinéastes, qui avaient réussi jusque-là à garder leur sérieux, explosèrent à leur tour.

« Descends, Quatorze », commanda maman, avec un petit geste de la main pour chasser le chat.

Mais celui-ci n'en avait cure, connaissant assez sa maîtresse pour savoir qu'il ne risquait pas grand-chose. Alors, maman tendit le bras vers l'étagère sur laquelle Tom rangeait son flacon de quinine. Le chat sauta à terre aussitôt et s'enfuit de la pièce sans demander son reste.

Maman se mit à rire, mais s'arrêta net, glacée soudain par un souvenir épouvantable. Quelques années auparavant, une équipe de prise de vues des « actualités » était déjà venue nous filmer. Cela s'était passé à l'heure du repas, alors que nous étions tous attablés dans la salle à manger. Et le film avait été projeté dans les salles de cinéma, sous ce titre : *En famille, M. Gilbreth, l'homme qui économise le temps.* Mais les images défilaient ensuite à une cadence neuf ou dix fois plus rapide que la normale, tandis que les spectateurs riaient aux larmes.

« Il faut me promettre, dit maman au metteur en scène, que vous couperez la partie de cette bande où l'on voit le chat...

— Soyez sans inquiétude, madame, répondit-il. Je sais que vous avez des bouches à nourrir et je ne voudrais pour rien au monde vous jouer un aussi mauvais tour. »

Il devait tenir sa promesse.

Ernestine et Marthe épongèrent les œufs cassés et le lait répandu, puis maman reprit la scène à partir du moment où elle ouvrait la glacière.

Cependant, Tom avait, comme par hasard, décidé, ce jour-là, de rentrer à la maison plus tôt que d'habitude.

Il survint par l'entrée de service à l'instant précis où maman enfournait son soufflé. Il lui suffit d'un coup d'œil pour s'assurer que ses pires craintes étaient confirmées. Malgré son indignation, il attendit pourtant que les caméras s'arrêtent pour manifester ses sentiments.

« Tiens, bonjour, Tom... Vous voilà donc ? dit maman.

— Que se passe-t-il dans ma cuisine ? demanda-t-il, furieux. Il faudra que vous vous débrouilliez sans moi si l'on ne m'aide pas à remettre mon réchaud et ma glacière à leur place.

— C'est bon, Tom, nous arrangerons cela, fit maman.

— Je ne vais tout de même pas travailler comme ça, dans cette cuisine de poupée, expliqua Tom. Moi, j'aime mes aises et il me faut de la place pour me retourner ! »

11

Un ours mal léché

Les cours de notre mère s'interrompirent pour les fêtes de Noël. Anne arriva de l'université le 19 décembre et ce fut le lendemain que nous eûmes la visite d'Allan Parker.

Allan Parker – Al pour ses amis – était un camarade d'Ernestine. Il lui faisait depuis quelque temps les yeux doux, et elle se disait pleine d'admiration pour lui. Maman ayant exprimé le désir de le connaître, on avait décidé de l'inviter à la maison pendant les vacances.

Frank et Bill déménagèrent de leur chambre et s'installèrent en surnombre dans celle de Fred et de Daniel. Puis Anne et Marthe aidèrent Ernestine à aérer et à refaire l'un des lits jumeaux, à nettoyer la pièce et à ranger les crosses de hockey, les flèches, les pièces détachées de radio, les bocaux de formol contenant insectes et bestioles de toute sorte, sans compter une foule d'objets hétéroclites encombrant les meubles. Elles firent ensuite le ménage du salon, car Ernestine souhaitait organiser une petite soirée à laquelle seraient invités tous ceux de nos amis qui ne connaissaient pas encore Al.

Al était entré à l'Université en octobre et nous savions qu'il arriverait directement chez nous. Sans doute ferait-il le voyage dans quelque vieille Ford couverte d'inscriptions et de dessins multicolores.

Nous finissions de déjeuner lorsqu'une Packard cabriolet grand sport, du dernier modèle sorti cette année-là, s'arrêta devant la maison. La carrosserie ne s'ornait d'aucun barbouillage, mais les initiales *A. P.* s'étalaient sur les portières en caractères de trente centimètres de haut. Le chauffeur assis au volant était engoncé dans un somptueux manteau de rat musqué, le plus beau que nous ayons jamais vu. C'était Al.

« Grands dieux ! fit Marthe avec un sifflement d'admiration, il en a bien pour six cents dollars sur le dos... Quant à la Packard, Dieu sait ce qu'elle vaut !

— En tout cas, tâche de ne pas le lui demander, s'écria Ernestine.

— Revenez tous vous asseoir », ordonna maman.

Chacun reprit sa place à table tandis que résonnait un coup de sonnette.

Tom s'en alla ouvrir. Un instant plus tard, il passa la tête à la porte de la salle à manger.

« C'est pour vous, Princesse, annonça-t-il. Et avec une toison comme celle-là, heureusement que la chasse est fermée aujourd'hui dans les forêts de Sa Majesté...

— C'est assez, Tom », coupa maman d'un ton sec.

Ernestine s'approcha de la porte donnant sur le vestibule.

« Tiens, c'est Al, s'exclama-t-elle. Quel bonheur ! », et elle courut à la rencontre de son invité.

— Je ne savais pas qu'il appartenait à une famille aussi riche, murmura Anne.

— Je crois qu'il en a parlé à Ernestine, dit Marthe. Son père a vendu son commerce et fait des placements d'argent. »

Ernestine et Al entrèrent. Al avait laissé son manteau et son chapeau dans le vestibule. Ses cheveux laqués portaient encore la trace circulaire imprimée par le bord de sa coiffure.

Al n'était pas le genre de personnage à passer inaperçu. Il portait des vêtements flambant neufs, dont l'allure excentrique et le luxe excessif composaient un ensemble de mauvais goût. Sa culotte de golf trop large lui descendait à la cheville et, dans l'échancrure de son pull-over à carreaux bleus et blancs, scintillait une grosse épingle de cravate enrichie de diamants.

Ainsi paré, Al, qui, de plus, se savait fort beau garçon, souriait de toutes ses dents.

« Bonjour, tout le monde, lança-t-il à la ronde. Ah ! comme c'est beau, une grande famille ! »

Pensant qu'il avait en somme raison, nous lui dîmes bonjour.

« Je serais heureuse de vous présenter à ma mère », fit Ernestine avec une politesse parfaite. Et, se détournant : « Maman, permets-moi de te présenter M. Parker.

— C'est un plaisir pour moi de vous accueillir ici, monsieur, dit maman.

— Z'enchanté, z'enchanté », reprit Al, partant d'un gros rire. Il saisit la main de son hôtesse et la secoua énergiquement. « Ne m'appelez pas "monsieur", continua-t-il. C'est toujours Al pour mes amis, et pour les dames aussi, bien sûr.

— Le diminutif est joli », dit maman en s'efforçant de se montrer cordiale.

Sa physionomie donnait cependant l'impression qu'elle eût été contente de connaître le nom moins flatteur que les ennemis d'Al lui donnaient sans doute. « En tout cas, songeait-elle, s'ils ne lui en ont pas encore trouvé, je pourrais, moi, leur en suggérer un sur-le-champ... »

« Et voici ma sœur Anne, reprit Ernestine. Elle est arrivée hier de l'université du Michigan.

— On se serre la pince, hein ? » dit Al. Il lui pressa la main à la broyer et, sans la lâcher, esquissa un pas de charleston. « Où étiez-vous donc, jolie comme ça, que je ne vous avais encore jamais rencontrée ? »

Anne faillit lui répondre qu'elle ne ressentait nul chagrin d'avoir si longtemps ignoré son existence, mais elle se mordit la langue et demanda poliment s'il se plaisait à l'université de Sawigan.

Lorsque Ernestine eut achevé de nous présenter, Al tira une chaise vers la table et, la retournant, s'y assit à califourchon.

« Vous avez vu la trottinette, dehors ? demanda-t-il à Ernestine.

— Ma foi, non, répondit Ernestine sans sourciller. Où donc ? » Elle s'approcha de la croisée. « Grands dieux, est-ce là votre voiture ? Ma parole, on dirait que c'est une Packard...

— Eh oui, c'est le petit cadeau de mon paternel pour Noël. Ça vaut deux mille dollars comme un sou.

— Te voilà renseignée, Marthe, fit Anne à voix basse.

— C'est merveilleux », s'exclama Ernestine

d'une voix qui semblait pourtant manquer de conviction.

Depuis qu'Al venait de pénétrer chez elle et d'être présenté aux siens, elle lui trouvait moins de séduction qu'auparavant.

Tout en mangeant la part de gâteau de riz que lui avait servie maman, Al nous expliqua comment il avait marqué deux buts contre l'équipe de Wallace. Puis il raconta que son père était en train de faire construire une petite maison de vacances sur le Niagara.

Il nous fit ensuite un récit détaillé des farces de plus ou moins mauvais goût que certains de ses camarades et lui-même avaient jouées à quelques habitants de Sawigan.

Nous l'écoutions, poussant la politesse jusqu'à rire un peu. Mais nous savions déjà, de la façon la plus certaine, qu'Allan Parker ne serait jamais le fiancé convenant à Ernestine.

Après le déjeuner, tous les deux décidèrent d'aller faire un tour en voiture. Al s'emmitoufla douillettement dans sa houppelande de rat musqué, tandis qu'Ernestine endossait tout bonnement son manteau de drap. Il gelait ferme et Ernestine se demandait avec quelque inquiétude si elle aurait assez chaud dans la voiture découverte.

« T'en fais pas, bébé, lui dit Al, adoptant le tutoiement pour la circonstance. Si t'as froid, je te prêterai un bout de ma fourrure. Tiens, les manches, par exemple. »

Et, joignant le geste à la parole, il jeta ses bras autour d'elle et la serra contre lui. Puis il la lâcha brusquement et se mit à rire en se tapant sur les cuisses à grand bruit. Il ne parut pas remarquer dans cette démonstration joviale qu'il venait de donner en même temps un violent coup de coude dans les côtes de maman.

« Je crois, Ernestine, dit-elle, que tu devrais emporter une couverture. »

Ernestine monta aussitôt dans sa chambre afin de suivre le conseil donné par maman. Quelques instants plus tard, la Packard démarrait au son d'un klaxon du dernier modèle qui jouait sur plusieurs notes la première mesure d'un chant de Noël traditionnel.

« C'est égal, quel ours mal léché ! » s'écria Marthe, indignée. Et, se tournant vers maman : « J'espère bien que tu vas dire à Ernestine ce que tu penses de son prétendant !

— Je ne crois pas que l'on puisse juger ce garçon en si peu de temps, répliqua maman avec calme.

— En tout cas, dit Marthe, je suis sûre qu'en ce qui me concerne, je l'ai déjà assez vu. Je parierais deux mille dollars là-dessus avec n'importe qui !

— À présent, dit maman, je voudrais que les garçons montent les bagages d'Al dans sa chambre, et souvenez-vous que je vous défends de faire quoi que ce soit qui puisse causer de la peine à Ernestine. »

Frank et Bill empoignèrent chacun une valise couverte d'étiquettes et Fred les suivit en portant le banjo qu'Al avait apporté.

« Si papa était encore là, déclara Bill lorsque les bagages eurent été déposés au pied du lit destiné à Al, il prendrait ce sauvage-là par les épaules et le mettrait à la porte avec un bon coup de pied dans le bas des reins qui l'enverrait valser jusqu'à New York !

— Ça serait sûrement arrivé quand il a parlé de prêter à Ernestine les manches de son manteau, convint Frank, et il ajouta, branlant la tête : Maman ne comprend pas quel genre de garçon est Al. »

Frank et ses frères décidèrent alors qu'à défaut de leur père, c'était à eux, les hommes de la maison, que revenait le devoir de débarrasser leur famille d'Allan Parker. Et, se rendant compte qu'il leur fallait renoncer à ouvrir les yeux d'Ernestine, ils convinrent de s'attaquer à Al en personne.

Ils prirent tous un bain cet après-midi-là : ce qui eut pour résultat d'épuiser la provision d'eau chaude de la maison. Après quoi, Frank alla chercher un tournevis afin de démonter la targette qui, de l'intérieur, permettait de fermer la porte de la salle de bains réservée aux garçons. Enfin, avant de quitter la pièce, Bill ouvrit la fenêtre toute grande.

Malgré leurs manteaux et la couverture jetée sur leurs jambes, Ernestine et Al rentrèrent de promenade transis, le visage bleui par le froid. Comme il ne restait guère qu'une demi-heure avant l'arrivée des jeunes amis qu'Ernestine avait invités à la soirée organisée en l'honneur d'Al, ils se hâtèrent de monter se préparer et s'habiller.

Les garçons s'étaient postés dans leur chambre et, de là, suivaient fort bien les faits et gestes d'Allan Parker qu'ils entendaient aller et venir pour déballer ses affaires. Finalement, il entra dans la salle de bains et manœuvra la porte à plusieurs reprises, se demandant sans doute pour quelle raison elle ne se verrouillait pas. Puis il ferma la fenêtre à toute volée.

L'eau commença à couler dans la baignoire.

Soudain, une voix de baryton retentit, sonore, mais un peu chevrotante. C'était un chant triomphal, à la gloire des valeureux étudiants de Sawigan, toujours premiers, jamais vaincus. Allan Parker était manifestement de ces gens qui, faute de pouvoir s'enfermer dans une salle de bains, estiment que la seule solution est d'y mener grand tapage, afin de ne laisser ignorer à personne que la pièce est déjà occupée.

L'eau cessa enfin de couler. Le baryton baissa

d'un ton, puis s'étrangla brusquement dans une sorte de hoquet.

« Ça y est, Al est dans son bain, dit Frank. Bill, vas-y. »

Bill se dirigea vers le cabinet de toilette et entra. En entendant la porte s'ouvrir, Al, assis dans cinq centimètres d'eau, s'empara d'une serviette et s'en couvrit de son mieux.

« Brr, pourquoi avez-vous laissé la pièce se refroidir comme ça ? s'exclama Bill, claquant des dents.

— Grands dieux, fit Al, revêche, j'avais peur de voir entrer une fille. Mais sapristi, fermez donc cette porte ! »

Bill obéit.

« Ce n'est pas la peine de vous inquiéter, reprit-il. Si vous croyez que, dans une grande famille comme la nôtre, on fait attention à ces choses-là... »

Bill remplit un verre au robinet du lavabo, but posément, puis sortit en oubliant de tirer le battant derrière lui.

« La porte ! cria Al, à tue-tête.

— C'est bon, dit Bill, revenant sur ses pas. Puisque vous tenez absolument à geler, tant pis pour vous... », et il referma.

Ensuite, les garçons envoyèrent Fred et Daniel se laver les mains ensemble. Ni l'un ni l'autre n'accordèrent la moindre attention à Al qui ronchonnait, furieux de ne pouvoir terminer sa toilette et sortir tranquillement de la baignoire.

De son côté, Ernestine s'était aperçue, elle aussi, qu'il n'y avait plus d'eau chaude, et elle avait dû prendre un bain froid. Elle était furieuse. Cependant, ses invités commençaient à arriver, de sorte qu'il lui fallut renoncer à tirer les choses au clair.

Elle descendit dans le vestibule pour ouvrir la porte à ses amis et les faire entrer au salon. Ils étaient une vingtaine. Nous les connaissions tous et nous les trouvions sympathiques. Quand tout le monde fut là, on roula le tapis et l'on mit le phonographe en marche.

Les amies d'Ernestine lui répétaient à qui mieux mieux qu'elles mouraient d'envie de faire enfin la connaissance d'Al, tandis que les garçons disaient en plaisantant qu'ils ne seraient pas fâchés de voir de près le prétendant qui leur avait ravi le cœur d'Ernestine. Tous avaient naturellement remarqué la Packard garée devant la maison : ce qui leur avait fait grande impression.

Al parut enfin. Les invités étaient en complet-veston, mais Al avait jugé préférable de rester en culotte de golf et en pull-over. Il tenait son banjo sous le bras et arborait le sourire avantageux que l'on voit aux bonimenteurs et aux bateleurs d'estrade. Il traversa le salon et arrêta le phonographe. Tout le monde cessa de danser. Il occupait ainsi le centre de la scène.

« Bonjour les copains », dit-il sans attendre qu'on le présentât à l'assistance. Il fit quelques pas de bourrée et s'arrêta brusquement, un genou en terre. « Et voilà, continua-t-il. Veuillez écouter à présent une petite fantaisie intitulée : *Ah ! quels beaux cadeaux je vous faisais, mon amie, mais à présent, c'est fini, j'ai plus le sou.* »

Il rejeta la tête en arrière et se mit à gratter le banjo pour accompagner sa chanson.

Il jouait fort bien de son instrument et il chantait infiniment mieux que lorsqu'il était en train de prendre son bain. Néanmoins, les invités restèrent sur place, figés. Leurs regards allèrent d'Ernestine à notre mère, qui tricotait, assise au coin du feu. Quelles qu'eussent été ses pensées, elle ne manifestait aucune désapprobation. Cherchant à secourir son prétendant, Ernestine se mit à danser le charleston à côté de lui.

« Allons, vous autres ! » s'écria-t-elle.

Alors, quelques jeunes filles vinrent à son secours et commencèrent à danser avec elle tandis que plusieurs garçons reprenaient le refrain de la chanson avec Al.

« Et nous allons continuer par une autre petite fantaisie, dit ensuite Al. Ça s'appelle : *Le Jour où les canards monteront en ballon.* »

Il éclata de rire et reprit son banjo, tandis qu'Ernestine, rouge et essoufflée, se penchait vers lui.

« Écoutez-moi, Al, dit-elle, sentant qu'il lui serait impossible de supporter une nouvelle chanson, il faut d'abord que je vous présente à mes amis. Levez-vous.

— Pas la peine, bébé : je me suis déjà présenté. »

Pourtant, il se leva.

« M. Parker », annonça Ernestine. Elle le prit par la main pour faire avec lui le tour de la pièce. « Il est notre invité pour quelques jours et nous en sommes ravis.

— Z'enchanté, dit Al, la bouche fendue jusqu'aux oreilles. On se serre la pince, hein ? »

Ernestine le débarrassa de son banjo qu'elle dissimula derrière le piano dans l'espoir qu'il ne pourrait le retrouver. Pendant ce temps, Al allait d'un groupe à l'autre, écoutant les conversations qui roulaient sur tel ou tel orchestre de New York, sur les nouvelles créations théâtrales ou sur les derniers événements survenus à Montclair. Il eut beau essayer de dire son mot, personne ne parut s'intéresser le moins du monde aux péripéties du match entre les équipes de Sawigan et de Wallace. Finalement, le dîner n'était pas encore servi qu'Al se trouvait déjà las de la soirée.

Il tira Ernestine à l'écart.

« Drôles d'invités que vous avez là : on ne peut même pas les dégeler.

— C'est vous qui êtes bizarre : en tout cas, avec eux, vous ne semblez pas dans votre élément.

— En fait d'élément, je ne conseillerais à personne d'utiliser l'eau de cette maison. Elle est assez froide pour transformer n'importe qui en bloc de glace !

— Je suis désolée de ce qui s'est passé pour l'eau chaude. Mais ce n'est pas ce qui excuse votre attitude.

— Si vous vous imaginez que c'est gai de prendre son bain pendant que l'on vient vous regarder comme une bête curieuse.

— Que signifie cette histoire ? demanda Ernestine, agressive et mettant les poings sur les hanches.

— Vous ignoriez peut-être que vos frères n'ont pas cessé d'entrer et de sortir, pendant que j'étais dans la salle de bains ?

— Mon Dieu ! s'exclama Ernestine. Je parie que c'était Frank, ou bien Bill, dit-elle. Ils sont assez malins pour ça !

— Vous verrez comment je vais leur régler leur compte ! »

Ernestine posa la main sur le bras de son camarade.

« Ne vous fâchez pas, Al, fit-elle.

— Si ça vous paraît drôle, répliqua Al, relevant le menton avec défi, je ne suis pas de votre avis. Pour moi, c'est à mettre dans le même panier que tout ce qu'il y a ici, y compris vos amis.

— C'est-à-dire ? demanda Ernestine sèchement.

— C'est-à-dire que tout est de mauvais goût, de fort mauvais goût. »

Considérant l'origine du reproche, Ernestine jugea que celui-ci était l'un des plus beaux compliments qu'elle eût jamais entendus. Elle enleva alors de son corsage et tendit à Al l'insigne d'université qu'il lui avait donné en gage d'amitié. Il le prit et monta aussitôt dans sa chambre pour y chercher ses valises. Pendant ce temps, Ernestine sortit le banjo de sa cachette, puis l'accrocha dans le vestibule, à côté de la houppelande de rat musqué. Elle s'en alla aussitôt dans la salle à manger. La pièce était obscure. Ernestine referma la porte et s'approcha de la fenêtre. Elle souleva le coin d'un rideau et put voir Al s'installer dans la Packard. Enfin, il démarra et la voiture s'éloigna en klaxonnant le chant de Noël.

Après le départ d'Allan Parker, la soirée fut un grand succès. Les garçons s'empressèrent autour d'Ernestine et l'invitèrent à danser sans lui laisser le temps de souffler. Tout le monde semblait avoir compris la situation et personne ne demanda ce qu'Al était devenu.

12

L'arbre de Noël

Nous n'avions pas beaucoup d'argent à dépenser pour Noël, cette année-là. Mais comme chez nous cette fête avait toujours été célébrée avec plus d'éclat que toute autre, notre mère tenait à ce que la tradition se continuât.

Chacun de nous avait l'habitude d'offrir un cadeau à tous les membres de la famille. Cependant, il arrivait qu'au hasard des batailles et des disputes entre frères et sœurs, on eût l'impression, pendant les semaines précédant Noël, que le nombre des cadeaux diminuerait beaucoup.

À partir du mois de novembre, chaque querelle entre nous se terminait sur l'annonce solennelle que les deux adversaires resteraient brouillés et ne se feraient aucun cadeau de Noël.

« Puisque c'est ça, s'écriait l'un, je te raie sur ma liste.

— Eh bien, moi, comme je ne voulais justement rien te donner, ça ne changera pas grand-chose, ripostait l'autre. Mais je te ferai remarquer que c'est la quatrième fois depuis le début de la semaine que tu me raies sur ta liste ! »

Naturellement, tout cela était oublié et pardonné quand venait Noël. Il n'empêche que, si l'on s'en était tenu aux menaces échangées, notre mère eût été la seule personne de la famille à espérer recevoir un cadeau.

Chez beaucoup de gens, ce sont les parents qui préparent l'arbre le soir de Noël pour en faire la surprise à leurs enfants le lendemain matin. Papa et maman estimaient que c'était là prendre les choses à l'envers, et ils ne s'étaient jamais conformés à l'usage. Pourquoi se seraient-ils réservé le double plaisir de décorer la maison et de lire la joie sur le visage de leurs enfants ? Aussi était-ce nous qui, dans notre famille, préparions l'arbre de Noël afin d'en faire la surprise à nos parents.

La veille du grand jour, maman se vit interdire l'entrée du salon. On ne lui permit même pas de voir le sapin. Ce soir-là, on décora l'arbre, tandis que maman travaillait dans son bureau. Nous chantions de vieux noëls tout en déroulant nos guirlandes de clinquant et en accrochant des festons de papier découpé autour du lustre et de la cheminée.

Le bureau communiquait avec le salon par une grande porte coulissante et, de temps en temps, nous entendions la voix de notre mère se joindre aux nôtres. Nous ne pensions guère que, en dépit de notre affection, notre mère pouvait parfois se sentir seule au milieu de nous. Mais peut-être avait-elle, en cette veille de Noël, plus que jamais conscience de sa solitude.

De toute la famille, seuls Bob et Jeanne, les deux cadets, croyaient encore fermement au secret de Noël. Néanmoins, chacun de nous avait conservé l'habitude d'accrocher son bas ou sa chaussette près de l'arbre, selon la tradition anglo-saxonne. Comme maman n'avait pas le droit de pénétrer dans le salon, nous lui portâmes les nôtres afin qu'elle y déposât nos cadeaux, puis nous revînmes les suspendre au manteau de la cheminée.

Quand tout fut prêt, nous admirâmes notre œuvre, ravis d'avoir si bien travaillé. Jacques poussa un soupir d'aise.

« C'est superbe, déclara-t-il. On se croirait au rayon des cadeaux à l'Uniprix. Mais ici, c'est encore plus beau. »

Nous avions habituellement beaucoup de mal à

nous endormir la veille de Noël. Mais ensuite, quand nous étions parvenus à trouver le sommeil, nous ne faisions plus qu'un somme jusqu'au matin, où maman et les cadets de la famille venaient nous tirer du lit.

Ce soir-là, Marthe resta éveillée fort tard. Vers deux heures, elle entendit un pas furtif dans l'escalier, puis le déclic d'un interrupteur électrique. Elle attendit quelques instants et, s'étant décidée à enfiler un peignoir et des pantoufles, descendit au rez-de-chaussée.

La porte du salon était ouverte et l'on avait allumé le lustre. Assise par terre devant le sapin, tournant le dos à la porte, se trouvait notre mère.

Marthe la vit avancer la main vers les paquets que nous avions entassés au pied de l'arbre, en choisir un, qu'elle tâta et palpa avec soin. Puis elle le secoua et finalement le flaira. Cependant, quelque sixième sens dut avertir maman qu'on la guettait, car elle jeta soudain un coup d'œil apeuré par-dessus son épaule et découvrit Marthe.

Celle-ci se tenait, les poings sur les hanches, la mine sévère. Elle n'articula pas une parole.

« Que fais-tu debout à une heure pareille ? demanda maman.

— Je ne te fais pas mes compliments, déclara Marthe. Ma parole, tu es pire que Bob et que Jeanne !

— Je regarde, expliqua maman. C'est pour m'assurer que tout est prêt.

— Tu sais pourtant, continua Marthe, que tu n'as pas le droit de mettre les pieds ici, avant que nous t'en donnions la permission. C'est l'habitude. »

Maman se mit à rire.

« Je le sais, dit-elle. Mais ton père et moi, nous descendions toujours jeter un coup d'œil dans le salon...

— Comment ? s'écria Marthe. Voudrais-tu dire que toutes ces exclamations de surprise que vous poussiez le matin de Noël étaient de la comédie ?

— Si tu racontes cela à tes frères et sœurs, annonça maman, tu ne trouveras que des cendres dans ton bas de Noël.

— Et ce jour où papa s'est presque trouvé mal, tant il était ébloui par les lumières de notre arbre de Noël, était-ce joué aussi ? À la vérité, j'avais trouvé cela un peu drôle...

— Je te le répète, Marthe, il n'y aura que des cendres, jusqu'au bord.

— C'est égal, maman, je n'en reviens pas », dit Marthe.

Le lendemain matin, nous descendîmes chercher nos cadeaux et maman fit son entrée officielle dans le salon. Elle n'oublia pas de pousser les « ah ! » et les « oh ! » que nous attendions et de nous assurer que nul arbre ne lui avait jamais paru aussi beau. Nous transportâmes ensuite nos bas remplis jusqu'au bord dans la chambre de maman, et là, chacun déballa ses trésors. Après quoi, l'on débarrassa la pièce des papiers et des ficelles qui traînaient partout. Puis l'on déjeuna et l'on s'en alla assister à l'office de Noël. L'air était vif, la promenade délicieuse et chacun se sentait le cœur content.

Lorsque nous revînmes à la maison, Tom avait allumé du feu dans la cheminée du salon. Maman s'assit au piano tandis que nous montions au premier étage. Là, tout le monde se mit en file indienne par rang d'âge. Et maman attaqua les premières mesures du noël traditionnel, *Adeste fideles.* Entonnant le chant, nous descendîmes alors l'escalier les uns derrière les autres pour gagner le salon. Anne ouvrait la marche, ainsi qu'elle l'avait toujours fait. Les années précédentes, notre père venait le dernier, portant dans ses bras le benjamin, à moins que celui-ci ne fût assez grand pour se tenir debout. Papa le campait alors sur ses souliers et s'amusait à faire de grands pas. Mais cette année-là, ce fut Jeanne qui ferma la marche, toute seule.

On se groupa autour du piano pour chanter tout les couplets du noël. Frank s'évertuait à tenir la seconde partie, mais il avait beau prendre une voix aussi grave qu'il le pouvait, nous savions tous qu'il manquait quelque chose à notre chœur.

Puis Frank commença à distribuer les paquets.

Cette année-là, Daniel avait déclaré qu'il était assez grand pour effectuer ses achats lui-même, et maman avait consenti. Il était donc allé en ville tout seul, traînant la petite charrette qui servait habituellement à transporter les provisions. Et il la ramena pleine à craquer.

Cependant il suffisait de jeter un coup d'œil aux cadeaux rangés sous l'arbre de Noël pour s'apercevoir que ceux de Daniel étaient tous semblables et qu'il avait confectionné les paquets sans l'aide de personne. Il les avait alignés avec soin, un peu à l'écart des autres. Chacun avait à peu près la grosseur d'un ballon de basket, mais était de forme irrégulière. Ils étaient enveloppés de papier de soie vert pomme, entortillé tant bien que mal et maintenu en place par une bonne douzaine d'étiquettes et de vignettes coloriées.

Les années précédentes, Daniel s'intéressait par-dessus tout aux cadeaux qui lui étaient destinés. Il s'impatientait toujours, en attendant qu'on en vienne à lui. La distribution lui semblait si longue qu'un certain jour de Noël, il avait demandé à papa de fouiller parmi les paquets entassés autour de l'arbre pour y prendre tous les siens et les lui donner ensemble.

Mais cette année-là, Daniel était d'un calme extraordinaire. Même lorsqu'il déballait l'un de ses cadeaux, il gardait un air détaché. Son enthousiasme habituel avait disparu. En revanche, il ne quittait pas des yeux les onze paquets.

Maman, devinant ce qui le préoccupait ainsi, glissa quelques mots à l'oreille de Frank. Alors celui-ci se dirigea vers les boules de papier de soie vert et en prit une. Il regarda l'étiquette et lut :

« Pour maman, avec de gros baisers, Daniel. »

Il tendit le paquet à sa destinataire.

Daniel dansait d'un pied sur l'autre, partagé entre l'impatience et l'angoisse.

« Ça ne te plaira peut-être pas, bredouilla-t-il. Ce n'est pas grand-chose. »

Rouge comme un coq, il tenait la tête baissée et regardait par terre. Tous les regards étaient fixés sur lui.

Maman retira le dernier papier, et l'objet mystérieux apparut. C'était un énorme cendrier, assez grand pour suffire aux besoins d'une famille entière de fumeurs invétérés. Or, ce n'était pas notre cas.

Mais il y avait beaucoup plus grave, car ce cendrier était certainement le plus laid de tous ceux fabriqués à notre époque – ce qui n'est pas peu dire.

C'était une sorte de coupe de porcelaine blanche épaisse, blafarde. Elle était ornée de chérubins vert et or, à demi nus et parés de rubans roses dont les folles arabesques eussent certainement posé un problème curieux, du temps où Isaac Newton étudiait les lois de la pesanteur. Sur le pourtour de la coupe, l'on voyait quatre trous dans lesquels étaient plantées quatre cigarettes. Les chérubins mis à part, l'objet ressemblait finalement, vu à l'envers, au pis d'une vache, avec ses quatre tétines.

Une expression de stupeur passa un instant sur le visage de maman. Et sur le coup, elle ne put trouver une parole.

« J'avais pourtant fait un beau paquet », dit Daniel d'un air désespéré. Il luttait contre les sanglots qui lui montaient à la gorge. « Et puis, les Amours sont jolis, même si personne ne se sert du cendrier.

— Bien sûr, mon chéri, murmura maman, se ressaisissant. Et tu as choisi exactement ce que je voulais. J'avais toujours eu envie d'un cendrier comme celui-là. C'est tout à fait ce qu'il nous faut ici, quand nous avons des invités. Quand je pense que c'est toi, tout seul, qui as acheté cela... »

Elle l'embrassa très fort. Les yeux de Daniel brillaient à présent comme des escarboucles.

« Oh ! fit-il, ce n'est pas grand-chose. Mais ça te plaît vraiment, dis ?

— Regardez, mes enfants, nous dit alors maman. N'est-ce pas joli comme tout ? Pratique aussi, et si bien choisi !

— Il y a des gens qui ont de la chance, fit Anne en regardant les dix paquets qui attendaient encore, tous semblables. Je voudrais bien que quelqu'un me donne un cendrier comme ça, à moi aussi.

— C'est vrai, Anne ? demanda Daniel. Bien vrai ?

— Ma foi, oui.

— Moi aussi, ça me plairait, dit Frank.

— Et moi donc, renchérit Ernestine. Ah ! on peut dire que maman a de la chance. »

Frank se dirigea vers les paquets restants et en prit encore un.

« *Pour Fred, avec de gros baisers, Daniel*, déchiffra-t-il sur l'étiquette.

— Donne vite », s'écria Fred. Et, ne voulant pas être en reste avec ses frères et sœurs, il murmura : « Je me demande ce que ça peut bien être... »

Il commença à enlever le papier vert. Daniel poussa un soupir de soulagement. Il était aux anges, et sur ses lèvres parut un sourire d'extase.

13

Un prince charmant

Dans les mois qui suivirent, Anne s'éprit d'un jeune médecin qui terminait ses études à l'université du Michigan. Elle écrivit à notre mère qu'elle avait reçu une bague de fiançailles et que Bob, son fiancé, avait plusieurs années de plus qu'elle. Il travaillait beaucoup : ce qui l'empêchait de voir Anne aussi souvent qu'elle l'eût désiré.

Lorsqu'elle revint à la maison pour les vacances de Pâques, sa nervosité et son humeur capricieuse nous surprirent. Elle passait la majeure partie de son temps, enfermée dans sa chambre, à écrire de longues lettres qu'elle expédiait ensuite par avion ou par exprès. Et elle ne rendit visite à aucune de ses amies.

Maman se faisait du souci à son sujet et elle s'inquiétait d'autant plus qu'Anne semblait désireuse de ne se confier à personne.

« Écoute, mon petit, dit un soir maman en s'asseyant sur le lit d'Anne. Je sais ce que c'est : j'ai éprouvé autrefois les mêmes sentiments que toi, lorsque j'étais fiancée avec ton père. Je vivais alors en Californie, et lui habitait à Boston, à plus de quatre mille kilomètres de là.

— Non, personne ne peut savoir ce que c'est, répondit Anne tristement. Et puis, toi, rien ne t'empêchait de te marier.

— J'étais un peu plus âgée que toi, c'est vrai, convint maman. J'avais déjà quitté l'Université. Mais dans un an, tu auras terminé tes études, toi aussi.

— Nous voudrions nous marier tout de suite, murmura Anne. Mais je sais que tu auras besoin de moi à la maison jusqu'à ce que toute la famille soit élevée.

— Mais enfin, réfléchis un peu : tes frères et sœurs ne seront pas élevés avant une quinzaine d'années. T'imaginerais-tu par hasard que j'ai l'intention de te faire attendre aussi longtemps ? Je désire seulement que tu termines tes études à l'université du Michigan. »

Anne répondit qu'un délai d'un an ne serait rien.

C'était la perspective d'attendre une quinzaine d'années qui l'avait épouvantée.

« Je n'aurais jamais songé à t'imposer pareil sacrifice, mais tu sais combien ton père tenait à ce que vous poursuiviez tous vos études, expliqua maman. Et je me suis promis de réaliser ce vœu à sa place.

— Es-tu bien sûre de pouvoir te passer de moi à la maison ?

— C'est une erreur que de se croire toujours indispensable, répondit maman. Mais, dis-moi, pourquoi ne téléphonerais-tu pas à Bob pour l'inviter à venir passer le reste des vacances ici ? Nous serions tous contents de le connaître. »

Anne bondit hors de son lit.

« Je vais l'appeler immédiatement », s'écria-t-elle.

Nous avions décidé d'appeler notre invité « docteur Bob », afin de le distinguer de Bob, notre frère cadet. Il nous surprit tout d'abord par sa réserve et par son calme. Il possédait un cabriolet noir, de style classique, et sa mise rappelait celle d'un homme d'affaires bien plus que celle d'un étudiant.

Frank et Bill avaient encore une fois déménagé de leur chambre et s'étaient installés dans celle de Fred et de Daniel. Mais lorsque le docteur Bob s'en aperçut, il obligea Frank à réintégrer le second lit jumeau.

« Depuis le temps que je vis en pension et dans les services d'hôpitaux, dit-il, j'ai perdu l'habitude de dormir tout seul dans une chambre. Je m'ennuierais. Et il n'y a vraiment aucune raison pour que vous vous entassiez à quatre dans une autre pièce. »

Cependant, notre invité semblait intimider Tom, en raison sans doute de sa qualité de médecin. Mais cela n'empêcha pas Tom de lui dire son fait.

Ce soir-là, Anne et son fiancé étaient allés au cinéma et notre sœur préparait un petit souper. Assis sur la table, le docteur Bob la regardait faire lorsque Tom descendit de sa chambre pour remplir sa carafe d'eau glacée. En voyant le docteur Bob, il poussa une exclamation indignée.

« Descendez de là, s'écria-t-il.

— Ne vous occupez pas de lui, Bob, dit Anne en rougissant. Il est comme cela avec tout le monde.

— Moi, vous comprenez, je mange sur cette table, reprit Tom à tue-tête.

— Nous ne sommes plus des enfants, riposta Anne, hors d'elle. Remontez dans votre chambre et taisez-vous !

— C'est bon, je m'en vais. Votre mère s'arrangera pour trouver quelqu'un qui trimera autant que moi dans cette maison ! cria Tom.

— Un instant, dit le docteur Bob, se laissant glisser à terre. Ce n'est pas la peine de vous énerver comme cela : je vais prendre une chaise. »

Tom s'arma d'un torchon et d'un morceau de

savon, puis il se mit à récurer énergiquement le dessus de la table.

« Si ce n'était pas que je mange là, ça me serait égal, marmonnait-il. C'est déjà bien assez quand ce sont les gens de la famille qui s'y assoient.

— Je vous comprends, dit le docteur Bob à qui Anne avait parlé de Tom et de ses maladies. Quand on a passé par où vous êtes passé, on ne prendra jamais trop de précautions pour se préserver des microbes.

— C'est vrai, convint Tom, se radoucissant. Mais ici, personne ne tient compte de cela. Comment le savez-vous ?

— Venez là sous la lampe, que je vous voie. » Tom obéit. Le docteur Bob lui souleva une paupière et examina l'œil avec attention. « À présent, ouvrez la bouche et faites "ah !". »

Tom s'exécuta docilement.

« Vieille histoire de pleurésie, évidemment, conclut le docteur Bob. Vous êtes maintenant en excellente forme, mais prenez garde aux microbes. Et si vous sentez la moindre menace de rechute, souvenez-vous qu'il existe sur le marché un très vieux médicament, beaucoup plus efficace que n'importe lequel de ceux fabriqués aujourd'hui : c'est...

— L'élixir de quinine », acheva Tom, radieux.

Le docteur Bob approuva de la tête, gravement.

« Tenez, docteur », fit Tom. Et il commença à étaler des journaux sur la table. « Vous pouvez vous asseoir là-dessus, à présent. »

Le docteur Bob se réinstalla alors sur la table.

« Ça par exemple, s'exclama Anne, qui n'en pouvait croire ses yeux. Vous êtes la seule personne à qui Tom ait permis cela depuis la mort de papa.

— Quand il y a des papiers, ça m'est égal, expliqua Tom. Je faisais la même chose avec votre père. C'est que, moi, vous comprenez, je mange sur cette table !

— Vous avez raison : on ne prend jamais assez de précautions », approuva le docteur Bob.

Notre invité n'était pas arrivé à la maison depuis vingt-quatre heures que nous étions déjà tous d'accord pour désirer qu'il entrât dans notre famille. Et cela nous tenait tellement à cœur que nous commençâmes à prendre une foule de dispositions pour assurer la réalisation de notre vœu.

Finalement, Anne se plaignit auprès de notre mère.

« Bob va s'imaginer que l'on a hâte de se débarrasser de moi.

— Il a beaucoup trop de bon sens pour cela, dit maman.

— Avant, quand je recevais par hasard un camarade à la maison, je ne pouvais pas me débarrasser des enfants. Ils étaient partout dans mes jambes, ou bien ils se cachaient derrière les fauteuils du salon, à moins qu'ils ne soient derrière la porte, à se disputer pour mettre l'œil à la serrure.

— Je sais, dit maman, compatissante. Et ton père les encourageait – ce que je lui ai d'ailleurs reproché plus d'une fois.

— Je l'avais deviné, reprit Anne, et j'étais certaine que tu n'étais pour rien dans tout cela. Mais je t'assure que ce qui se passe aujourd'hui est bien pis. Figure-toi qu'à présent je ne peux plus mettre les pieds nulle part avec Bob sans que les enfants échangent des clins d'œil et se poussent du coude, persuadés que nous ne nous apercevons de rien. Après quoi, ils se lèvent et quittent la pièce, comme un seul homme. C'en est gênant. »

Maman hocha la tête, s'efforçant de ne pas sourire.

« Le fait est qu'ils exagèrent ; ce n'est pas toujours une sinécure que d'être l'aînée d'une grande famille. »

Le docteur Bob aimait les enfants et savait leur parler. Jeanne et Bob ne tardèrent pas à le suivre comme des toutous. Nous eûmes beau les chapitrer, ils commencèrent à supplier que le docteur les emmenât lorsqu'il sortait en voiture l'après-midi avec Anne. Bob s'asseyait entre les deux jeunes gens tandis que Jeanne s'installait sur les genoux d'Anne. Et personne ne pouvait leur faire entendre raison.

« Moi, j'y renonce », dit un jour Anne à son fiancé

au cours de l'une de ces promenades. Et, remontant un peu Jeanne qui glissait sur ses genoux, elle poursuivit : « Il n'y a rien à faire : ou bien ils s'accrochent à nous comme en ce moment, ou bien ils font le tour de la maison sur la pointe des pieds pour éteindre les lumières partout où nous allons.

— Bah, de toute façon, ça m'est égal », dit le docteur en riant.

Anne et le docteur se marièrent l'année suivante en septembre après qu'Anne eut obtenu son diplôme d'Université. La cérémonie se déroula à la maison, et ce fut maman qui, cédant aux instances d'Anne, accompagna la fiancée devant le pasteur, ainsi que l'eût fait notre père.

Le pasteur de notre paroisse vint officier.

Ce fut un beau jour, mais nous avions pourtant de la peine en pensant à notre mère. Il nous semblait deviner ses pensées. Anne était la première de la famille à quitter le bercail. Ernestine et Marthe ne tarderaient sans doute guère à en faire autant. Que deviendrait maman en se retrouvant avec seulement neuf enfants ? Et que serait-ce le jour où nous serions tous mariés ? « Pauvre maman », pensions-nous.

Tom assista à la cérémonie, perdu parmi les gens qui s'étaient massés au fond du salon. De temps en temps, il sortait un mouchoir d'une propreté douteuse pour s'essuyer les yeux. Quand le mariage fut terminé, il s'avança vers Anne et, fouillant dans sa poche, en tira vingt billets de un dollar, affreusement chiffonnés.

« Tenez, dit-il, si le docteur vous fait des misères, vous n'aurez qu'à vous acheter un billet de chemin de fer avec ça pour revenir tout de suite à la maison. »

Ce ne fut qu'au moment où ils virent Anne et le docteur Bob installer leurs valises dans la voiture que Jeanne et Bob comprirent la situation.

« Emmenez-nous, docteur Bob, supplièrent-ils en s'accrochant aux jambes de leur ami. Vous ne vous êtes pas promené avec nous, aujourd'hui. »

Le docteur Bob souleva Jeanne de terre et l'embrassa, puis, ne sachant que faire, il regarda Anne, comme pour lui demander conseil.

« Non, docteur », dit Anne résolument. Elle s'efforça d'écarter les enfants. « Cette fois-ci, nous n'emmènerons personne. Personne ! »

14

Un grand jour

Dans les années qui suivirent, maman réussit à s'imposer dans sa profession, et l'étude des gestes et des mouvements effectués par les ouvriers commença à jouer un rôle de plus en plus important dans l'industrie.

La lutte avait été dure, mais beaucoup des anciens clients de notre père avaient fini par reconnaître la valeur de maman et par passer un contrat avec elle pour s'assurer sa collaboration. De sorte que les finances de la famille, sans être vraiment prospères, n'étaient plus pour notre mère un sujet d'inquiétude.

Le but qu'elle visait en nous envoyant tous à

l'Université ne semblait plus aussi chimérique : Marthe était entrée dans une faculté du New Jersey et Frank à celle du Michigan. De sorte qu'il ne restait plus en somme que Bill, Liliane, Fred, Daniel, Jacques, Bob et Jeanne à diriger à leur tour vers les autres sphères de la connaissance. Entreprise qui semblait aisée à notre mère...

Celle-ci avait publié en 1927 son premier livre. Le second, *Nos Enfants,* parut l'année suivante.

Et, par-dessus le marché, elle s'était lancée dans le scoutisme.

Mme Herbert Hoover était à l'origine de cette activité nouvelle. Maman connaissait les Hoover depuis de nombreuses années. Originaires de Californie comme elle, ils avaient toujours eu d'excellentes relations avec sa famille. Enfin, comme M. Hoover était lui-même ingénieur, des préoccupations et des intérêts professionnels communs les avaient encore rapprochés.

Lorsque M. Hoover fut devenu président des États-Unis, maman fut invitée plusieurs fois à Washington ainsi qu'à la villa que possédaient les Hoover dans le Maine. Le président la nomma membre du comité d'experts qui le conseillait sur toutes les questions relatives à la main-d'œuvre et au travail. De son côté, Mme Hoover, qui dirigeait le scoutisme féminin, lui confia la responsabilité de l'organisation administrative de ce mouvement.

Là, à Washington, debout dans le salon de la Maison Blanche, elle leva donc la main droite, puis étendit quatre doigts. Mme Hoover lui fit un signe de la tête. La minute était solennelle, et maman commença :

« Je promets sur mon honneur de toujours faire mon devoir envers Dieu et mon pays, de... »

Au cours de l'une des visites que maman rendit aux Hoover, le président la pria de nous amener tous un jour où il y aurait réception à la Maison Blanche. La date qu'il indiqua était très rapprochée, et il y aurait à cette occasion des invités de marque.

« Je serais fort content de faire la connaissance de tous les petits Gilbreth », ajouta le président, bonhomme.

Certes, maman était flattée de l'invitation, mais elle savait que nous avions horreur de nous montrer en groupe. Elle songeait aussi à ce qu'il faudrait dépenser en billets de chemin de fer et en achats vestimentaires.

« Ils seront ravis, dit-elle, mais j'ai bien peur qu'ils ne mettent tout sens dessus dessous ici. Ils sont si turbulents...

— Mais non, dit M. Hoover. Nous aurons plaisir à les recevoir.

— Je pourrais peut-être n'amener que les garçons, suggéra maman, s'efforçant de trouver un compromis.

— C'est une très bonne idée, approuva M. Hoover. Vous devriez leur téléphoner tout de suite. Tenez... »

On mit un appareil téléphonique dans les mains de maman, et elle appela immédiatement Montclair. Ce fut Frank qui décrocha.

« J'ai une grande nouvelle pour vous, annonça maman, tandis que les Hoover rayonnaient. Figure-toi que le président a eu la bonté d'inviter tous les garçons à une réception que l'on doit donner à la Maison Blanche.

— Oh ! maman, pour l'amour du Ciel, s'écria Frank d'une voix lamentable, essaie de nous faire couper à cette corvée !

— Cela semble impossible, je t'assure, reprit-elle et elle enchaîna, espérant que Frank comprendrait qu'elle n'était pas seule : Non, je ne parviens pas à y croire... »

Maman annonça ensuite à Frank que, ses occupations devant la retenir encore près d'une semaine à Washington, elle ne pourrait retourner à Montclair afin de surveiller les préparatifs des garçons. Ils mettraient chacun leur costume neuf avec une chemise blanche et des souliers noirs. En prenant un train le matin de bonne heure, ils seraient à Washington pour déjeuner. Maman les attendrait à son hôtel : ce qui leur permettrait de monter faire un brin de toilette dans sa chambre avant la réception.

Bill et Frank décidèrent qu'il serait beaucoup plus économique de se rendre à Washington par la route. Et ils étaient sûrs qu'en arrivant, lorsqu'ils expliqueraient la situation à maman, celle-ci approuverait leur idée.

Bill et Frank possédaient une voiture en commun avec Marthe. C'était une vieille Ford, modèle T décapotable, antiquité qu'ils avaient achetée un an plus tôt pour vingt dollars et qui semblait avoir vieilli encore davantage depuis qu'elle était entre leurs mains.

La mise en route du moteur était un travail d'équipe : pendant que l'un de nous tournait la manivelle, il fallait qu'un autre fût assis au volant prêt à accélérer dès que la machine tousserait un peu. Cependant, les trois propriétaires du modèle T avaient longuement travaillé sur ce moteur ; il était robuste, marchait bien et ronronnait comme un petit chat, à cette différence près qu'il faisait davantage de bruit.

Personne ne douta un instant que la voiture ne fût en état d'aller jusqu'à Washington. On décida de se mettre en route à l'aube.

La veille du départ, Frank organisa une répétition générale afin de s'assurer que chacun des voyageurs possédait la tenue requise pour l'expédition. En principe, tous les garçons avaient un costume de serge bleu marine. Cependant, Frank, ayant passé à Bill son complet de l'année précédente, l'avait remplacé par un vêtement acheté à l'université.

La veste croisée avait les épaules fortement rembourrées et la taille pincée, tandis que le bas du pantalon se terminait en pattes d'éléphant. Quant à la couleur, elle était impossible à définir, intermédiaire entre le jaune et le brun. Le tissu, lourd et poilu, ressemblait à celui des couvertures de soldat. L'ensemble avait coûté vingt-huit dollars, et Frank en était extrêmement fier.

L'aspect du tissu garantissait la solidité du vêtement ; celui-ci durerait évidemment une éternité. Et ce fut bien là que le bât blessa lorsque Frank se présenta devant ses frères.

« Seigneur, qu'est-ce que c'est que ça ? s'écria Bill en voyant arriver Frank, équipé pour la répétition générale. J'espère que tu n'as pas jeté l'étiquette ? Comme cela, tu pourras rendre cette horreur. Va vite te déshabiller pour ne pas l'abîmer.

— Jamais de la vie, riposta Frank, et je te prie de te taire. Il se trouve justement qu'à Michigan, tout le monde m'a fait des compliments sur ce costume.

— Comment, tu l'as déjà mis ? s'écria Bill, consterné. Mais alors, tu ne pourras pas le rendre !

— Je l'ai porté tout l'automne.

— Et par-dessus le marché, c'est un tissu qui peluche », reprit Bill avec reproche. Il enleva délicatement quelques poils roussâtres que le vêtement de Frank avait laissés sur la manche de sa veste bleu marine. « Tu vas salir toutes les personnes qui s'approcheront de toi, et le président sera couvert de peluche jaune !

— Je n'ai pas l'intention d'aller me frotter contre les gens, répondit Frank. Je reconnais que ce tissu se défait un peu, mais c'est parce qu'il est encore dans son neuf.

— En tout cas, il ne faut pas t'imaginer que je resterai à côté de toi quand le moment viendra d'être présenté à M. Hoover, annonça Bill. Je n'ai pas envie de voir les officiers d'état-major et le corps diplomatique louvoyer entre les montagnes de poils que tu auras laissées derrière toi depuis l'entrée de la Maison Blanche jusqu'au salon Bleu. »

Il y eut deux crevaisons entre Montclair et Philadelphie, mais les garçons réparèrent sans trop de mal. La voiture marchait admirablement. Frank forçait l'allure afin de rattraper le temps perdu par la faute des crevaisons. Comme il allait arriver à Baltimore, un agent motocycliste rejoignit la voiture et donna l'ordre au conducteur de s'arrêter.

« Excès de vitesse », annonça-t-il. Il prit son calepin en relevant le numéro de l'automobile : « Je vous fais mes compliments pour avoir réussi à amener ce tas de ferraille depuis le New Jersey, poursuivit-il. Si je ne l'avais pas vu de mes yeux, jamais je n'aurais cru que cette mécanique puisse atteindre le quatre-vingts à l'heure.

— Oh ! on peut même faire du cent, en descendant les côtes, déclara Bob fièrement. Frank et Bill ont arrangé le moteur, pour qu'on aille plus vite.

— Tiens, tiens, cent à l'heure ? » dit le policier, prenant note sur son carnet. Il regarda les pneus usés et rapiécés en maints endroits, puis, secouant la tête : « Tu tiens donc à faire tuer tous ces gosses ? » demanda-t-il à Frank.

Ce dernier se contenta d'avaler sa salive sans mot dire, en songeant que notre mère aurait bien du mal à annoncer au président que ses fils ne pourraient assister à la réception, parce qu'étant en prison.

« Et puis d'abord, où allez-vous ? reprit le motocycliste, approchant son visage tout près de celui de Frank.

— À Washington, monsieur.

— Et qu'allez-vous faire à Washington ? »

Frank hésita un instant à parler et jugea finalement que la stricte vérité semblerait trop peu véridique pour qu'il fût prudent de l'annoncer.

« On va se promener. Voir un peu les monuments.

— Vas-y, Frank, dis-lui ce que nous allons faire

à Washington, s'écria Jacques d'un ton supérieur. Ne te laisse pas traiter comme ça !

— C'est cela, jeune homme, parlez donc, ordonna le policier.

— Eh bien, dit Frank, nous allons voir le président Hoover.

— J'aime les bons garçons, surtout quand leur costume est d'une couleur originale, comme le vôtre, répondit l'homme, narquois. Et naturellement, le président a dû vous adresser une invitation personnelle pour aller prendre le thé avec lui à la Maison Blanche ?... C'est cela, n'est-ce pas ? »

Frank hocha humblement la tête.

« Et surtout ne te laisse pas faire, tu entends ? recommanda Jacques, du fond du siège arrière.

— C'est vrai, monsieur », répondit Frank au policier. Et il expliqua, d'un ton désespéré : « Nous avons crevé deux fois et cela nous a mis en retard.

— Voyons, toi, dis-moi un peu, fit l'homme, s'adressant à Jacques : est-il exact que vous avez été invités par le président ?

— Je pense bien. Et par sa femme aussi. Nous allons voir encore des tas de gens, même des juges de la Cour suprême... » Et Jacques continua, sans se démonter le moins du monde : « Allons, Frank, qu'est-ce que tu attends pour repartir ? »

Le policier considéra la voiture, puis il nous dévisagea à tour de rôle : Frank, Bill et Fred, avec leurs mains sales, tachées de cambouis depuis les deux pannes survenues sur la route ; Daniel, pâle, le visage chaviré par le malaise qu'il ressentait toujours au cours d'un voyage en voiture ; Jacques et Bob, leurs habits poussiéreux et fripés.

« J'imagine que vous me dites bien la vérité, conclut-il. C'est égal, comme notre président ne doit pas s'amuser tous les jours, ce n'est pas moi qui lui enlèverai cette chance de rire un peu. Allez, vous pouvez filer. Mais ne dépassez pas le cinquante à l'heure ! »

Il faisait beau depuis notre départ de Montclair, mais le ciel se couvrit tandis que nous traversions Baltimore et il se mit à pleuvoir dès que nous eûmes dépassé cette ville. De sorte que les six garçons arrivèrent à Washington trempés comme des barbets.

Lorsque nous nous présentâmes devant l'hôtel où nous attendait notre mère, le portier nous reçut fort mal et il nous interdit de descendre de voiture tant que Frank n'eut pas promis d'aller se garer à bonne distance.

Maman lisait en tricotant, installée dans un fauteuil, quand ses fils pénétrèrent dans sa chambre. Elle avait déjà revêtu sa robe habillée et attendait, prête pour la réception.

« Grands dieux ! s'exclama-t-elle en les voyant. Que s'est-il passé ?

— C'est ma faute, maman, expliqua Frank. Je pensais que ce serait meilleur marché et plus pratique de venir par la route.

— Bien sûr, mon petit, dit-elle. Mais ce qui m'inquiète, c'est la mine que vous avez : viens ici, Daniel, tu es tout pâle. Qu'as-tu donc, mon chéri ? »

Daniel raconta qu'il avait été malade en chemin, mais qu'il se sentait d'aplomb depuis qu'il était descendu de voiture.

« J'ai eu presque peur en vous voyant entrer », dit maman, souriante. Elle embrassa ses garçons et reprit : « Ainsi, vous avez fait tout le trajet dans cette vieille Ford ? Savez-vous que c'est une expédition à rendre jaloux M. Lindbergh en personne ! »

Frank était désolé : comment ses frères et lui pourraient-ils se rendre à la Maison Blanche dans l'état où ils étaient ? Mais maman déclara qu'elle pouvait tout arranger.

« Quand vos vêtements seront secs, le malheur sera réparé », assura-t-elle. Soudain son regard tomba sur Frank. « Mais qu'est-il arrivé à ton costume ? s'écria-t-elle. Est-ce la pluie qui en a altéré la couleur ?

— Pas du tout, maman, c'est sa teinte naturelle, dit Bill d'un ton amer.

— Il est très bien, fit Frank. Et à la dernière mode. »

Maman ne discuta nullement cette affirmation.

Elle enleva les draps et les couvertures qui garnissaient son lit, et les distribua aux garçons. Ceux-ci se rendirent à la salle de bains, se dévêtirent, puis se drapèrent dans les toges et les tuniques improvisées.

Pendant ce temps, maman avait téléphoné au bureau de l'hôtel pour demander qu'on lui prêtât un fer électrique et une planche à repasser, et que l'on voulût bien mettre les chaussures de ses fils à sécher dans la chaufferie. Elle eut quelques instants d'hésitation, puis dit en terminant :

« Il me faudrait aussi un journal. »

Dès que l'on eut apporté dans sa chambre le matériel qu'elle avait réclamé, elle se mit à repasser sous-vêtements, chaussettes, chemises et costumes. Mais elle garda celui de Frank pour la fin. Elle avait terminé le veston et en était à la deuxième jambe du pantalon lorsqu'elle s'interrompit pour téléphoner au bureau et demander que l'on remontât les chaussures.

C'est alors qu'une affreuse odeur de teinture brûlée et de laine roussie envahit la pièce.

« Mon costume ! » s'écria Frank.

Maman lâcha l'appareil et courut vers sa planche à repasser.

« Mon Dieu, qu'ai-je fait ? s'exclama-t-elle. Je viens de brûler tout le devant de ton beau pantalon !

— Il est perdu, dit Frank, un sanglot dans la gorge. Jamais je ne pourrai retrouver le pareil.

— Je crois qu'il faut en faire ton deuil, convint Fred.

— Comment ai-je pu être aussi sotte ? » se lamenta maman. Elle regarda sa montre. « Heureusement, il nous reste encore un quart d'heure. Nous avons le temps d'aller t'acheter un costume neuf.

— Crois-tu que nous pourrons trouver un modèle du même genre ? s'enquit Frank avec inquiétude.

— Je l'espère. Heureusement que je m'étais fait apporter un journal : regarde si tu vois une annonce de soldes ou de vente-réclame quelque part.

— Dis donc, maman, s'écria Frank d'un ton accusateur, pourquoi avais-tu demandé ce journal ? Était-ce vraiment par hasard ? J'en suis à me demander si tu n'aurais pas fait exprès de brûler mon pantalon !

— Grands dieux, quelle idée ! s'exclama-t-elle. T'imagines-tu que j'aie plaisir à vous acheter des habits neufs et à mettre hors d'usage ceux que vous possédez ? »

Un groom apporta les chaussures. Quand tout le monde fut prêt, maman et nous nous rendîmes dans un magasin qui annonçait une grande vente publicitaire. Frank trouva un costume qui, taillé dans un tissu épais, rappelait assez le sien, à cette différence que la coupe en était classique et la couleur bleu foncé au lieu de jaune moutarde. Bill lui-même dut convenir qu'il le trouvait fort seyant.

On s'arrêta ensuite chez un cireur pour faire astiquer les souliers, après quoi l'on héla un taxi.

« À la Maison Blanche, s'il vous plaît », dit maman au chauffeur.

Elle était aussi calme et sa tenue aussi nette que lorsque ses fils étaient arrivés à l'hôtel.

« On dirait qu'ils sortent d'une boîte, s'exclama Mme Hoover lorsque la famille Gilbreth se présenta devant elle. Je n'aurais jamais cru que des garçons puissent garder leurs vêtements aussi nets et aussi bien repassés. » Puis, se tournant vers Frank : « Je crois que vous êtes l'aîné, n'est-ce pas ? »

Frank opina.

« C'est donc vous qui, pendant le voyage, vous êtes occupé de vos frères. Aussi est-ce vous qui méritez tous les compliments pour leur présentation parfaite. »

Frank remercia. Tout le monde salua et l'on se retira.

Maman avait d'abord eu l'intention de prendre un train pour Montclair le jour même. Néanmoins, bien qu'elle eût jusqu'alors toujours évité de monter dans la Ford, elle se laissa convaincre de rentrer à la maison par la route.

Le ciel s'était dégagé et il faisait doux. La voiture roulait paisiblement sans jamais dépasser le soixante à l'heure. Il n'y eut ni panne ni crevaison. L'on s'arrêta pour dîner, et, lorsque l'on quitta le restaurant, les étoiles brillaient dans une atmosphère sereine.

« Voici un voyage bien agréable, dit maman avec un petit soupir de contentement. Quel dommage que vous ne puissiez me faire faire ainsi tous mes déplacements ! »

Les garçons se mirent à chanter les vieilles chansons que maman leur avait apprises lorsqu'ils étaient petits : *Uncle Joe, My Darling Clementine*.

L'on avait quitté Baltimore depuis environ une demi-heure quand une sirène de police retentit et un motocycliste rejoignit la Ford.

« Alors, les gâteaux étaient-ils bons à la Maison Blanche ? hurla-t-il dans le vacarme de sa machine.

— Excellents », répondit Frank, criant à tue-tête lui aussi.

Le policier salua de la main et repartit sur la route à toute vitesse.

« Grands dieux ! fit maman, abasourdie, vous, les garçons, vous êtes extraordinaires. Je me demande comment vous faites. »

Comme nous lui demandions ce qu'elle entendait par là, elle expliqua :

« Le président des États-Unis et sa femme arrêtent le défilé de leurs invités pour bavarder avec vous, et vous semblez connaître tous les policiers qui patrouillent entre Montclair et Washington. J'ai vraiment bien de la chance d'avoir des enfants aussi populaires. »

Nous eûmes la bonne grâce et la modestie de penser que notre mère était beaucoup trop indulgente à notre égard.

15

Navire au port

Par la suite, il y eut presque chaque année une nouvelle entrée en faculté, un nouveau diplôme d'université et un mariage dans la famille. Vers l'année 1930, tous les aînés étaient mariés et avaient quitté Montclair. La plupart avaient des enfants.

Fred et Daniel étaient à l'Université, Jacques et Bob au lycée, et Jeanne sur le point de quitter l'école primaire.

L'organisation de la maison avait beaucoup changé en raison du départ de Tom. Celui-ci était à l'hôpital, depuis longtemps alité à la suite d'une crise cardiaque. La cuisine avait perdu sa gaieté et sa vie.

Une domestique noire préparait les repas, faisait le ménage et la vaisselle, mais dans la mesure où maman le permettait.

Celle-ci avait toujours considéré que les gens employés à son service étaient surchargés de besogne, et elle s'efforçait de les soulager le plus possible. À tel point qu'il devenait souvent difficile de distinguer la servante de la maîtresse.

Après dîner, maman subtilisait notre assiette dès que nous avions avalé notre dernière bouchée de salade ou de légumes. Elle courait à la cuisine pour la laver et l'essuyer, et nous restions la fourchette en l'air en attendant qu'elle revînt.

« Vous comprenez, la bonne a peut-être envie d'aller au cinéma », expliquait-elle, ramassant les couverts à la ronde.

De sorte que, grâce à cette concurrence perpétuelle, les enfants étaient débarrassés de la plupart des tâches qui auparavant avaient incombé à leurs aînés.

Observant la manière dont maman élevait les trois cadets de la famille, nous commencions à soupçonner qu'elle n'avait sans doute jamais approuvé tout à fait la plupart des règles instituées par notre père dans la maison.

Certaines étaient évidemment nécessaires, en un temps où la famille était si grande. Elles ne s'imposaient plus à présent. Quant aux autres, maman les avait simplement laissées s'éteindre d'elles-mêmes, ne voulant pas aller à l'encontre de ce qu'avait décidé notre père.

Tom mourut à la fin de l'année 1930, persuadé que sa vieille ennemie, la pleurésie, avait finalement eu le dessus sur lui. Les derniers temps qu'il était à l'hôpital, nous allions le voir tous les jours. Il nous demandait souvent de le ramener à la maison, convaincu qu'une petite cure de son élixir à la quinine le remettrait bien vite sur pied. Mais les docteurs lui interdisaient tout déplacement. Vers la fin de sa maladie, il nous reconnaissait à peine et refusait tout médicament, la quinine y compris.

Sans doute, Tom n'était-il qu'un pauvre homme, souvent querelleur et désordonné. Mais le jour où il mourut, treize personnes le pleurèrent de tout leur cœur. Pourrait-on en dire autant de beaucoup de gens ?

La présence et l'éducation d'une famille aussi nombreuse que la nôtre semblaient avoir marqué notre maison plus durement que notre mère elle-même. Celle-ci était restée mince, vive et droite comme un I, tandis que la maison présentait un aspect délabré.

L'année où Jeanne partit pour l'Université, maman convint avec nous que le temps était venu de changer de maison. Nous imaginions qu'elle essaierait de vendre la sienne, mais il lui déplaisait de penser qu'elle serait habitée par des étrangers. Elle savait en outre qu'elle ne pourrait en tirer un bon prix.

Aussi maman se contenta-t-elle de passer marché avec une entreprise de démolition et elle fit abattre la maison. Elle surveilla elle-même les travaux et, si ce lui fut un crève-cœur que de voir les ouvriers éventrer les murs et mettre à nu l'intérieur des pièces, elle n'en dit rien à personne.

Tout ce que contenait le laboratoire d'études de notre père, ses dossiers et son matériel expérimental partirent pour le centre technique de l'université voisine. Quant au mobilier d'acajou que possédait notre mère depuis son mariage, elle le fit enlever par un ébéniste. Celui-ci devait s'efforcer d'effacer les traces de toutes les blessures qu'avaient infligées une génération d'enfants et une innombrable succession de chiens, de chats et d'animaux divers.

La situation matérielle de notre mère était devenue de plus en plus prospère, à mesure que grandissait sa réputation d'expert et d'ingénieur-conseil. De plus, elle avait hérité d'une parente une somme assez considérable. De sorte que Bob, ayant presque terminé ses études supérieures et Jeanne demeurant la dernière, notre mère avait la possibilité de se retirer et de vivre dans l'aisance, jusqu'à la fin de ses jours.

Or, notre mère n'en avait pas la moindre envie et, de plus, elle ne songeait pas un instant à interrompre son activité professionnelle. Elle s'installa tout simplement dans un petit appartement bourgeois situé dans l'un des quartiers résidentiels de Montclair. Le vieux mobilier restauré créa immédiatement une atmosphère familière dans le salon et la salle à manger, avec cette différence pourtant que tout était net, astiqué et tapissé de neuf. Maman commença à utiliser l'argenterie et la vaisselle fine qu'elle avait mises en caisse trente-huit ans plus tôt, à l'époque où Anne apprenait à marcher et s'emparait des objets à sa portée.

Et puis Jeanne entra à l'Université. Maman resta seule. Cela nous préoccupait. Il nous semblait que, lorsque l'on avait élevé une famille aussi nombreuse, l'on ne devait plus pouvoir vivre sans enfants. Nous pensions aussi qu'après tant d'années passées à s'occuper de nous, le temps était venu pour notre mère où ses enfants devaient prendre soin d'elle.

Il y avait fort longtemps que notre conseil de famille ne s'était réuni, mais lorsque, peu après le départ de Jeanne, Anne vint faire un court séjour à Montclair, nous décidâmes de tenir une séance. La situation de maman fut mise à l'ordre du jour.

Le conseil de famille était une idée de notre père et il l'avait organisé sur le modèle d'un comité d'entreprise. Papa, qui s'était attribué le rôle de président, appliquait à la direction des débats un règlement précis et compliqué, imité des règles parlementaires.

Comme nous ne voulions pas que maman connût l'objet de notre réunion, nous tînmes conseil chez Ernestine qui habitait Montclair. Ce n'était plus la froide solennité des séances d'autrefois, lorsque notre père occupait le fauteuil présidentiel. Mais chacun de nous était assis à sa place traditionnelle, tout autour de la table de salle à manger. Et nous continuions à tenir notre sœur Anne, maintenant mère de famille et qui approchait de la quarantaine, pour notre chef. Elle présidait l'assemblée.

L'on décida d'abord que maman aurait le choix entre deux solutions : venir habiter chez nous ou bien partager son appartement avec l'un de nous. Il nous semblait qu'à présent, où le but qu'elle s'était fixé de nous envoyer tous à l'Université était atteint, elle risquait de se trouver désemparée. Quel stimulant pourrait l'inciter désormais à survivre ?

Qu'arriverait-il enfin lorsque le jour viendrait pour elle de quitter l'université de Purdue où elle enseignait depuis de longues années ? La limite d'âge était fixée à soixante-dix ans, et notre mère n'en était plus très loin. Lorsqu'elle en serait là, les invitations à donner des conférences et les contrats d'ingénieur-conseil se feraient évidemment beaucoup moins nombreux, et nous pensions, bien qu'osant à peine formuler cette crainte, que notre mère aurait peut-être alors besoin de nous.

Le conseil chargea finalement Ernestine de parler à notre mère en lui proposant de s'installer chez l'un de nous.

Mais le lendemain, lorsque Ernestine transmit notre offre à maman, celle-ci refusa tout net.

« Je ne sais comment vous remercier tous de votre gentillesse, dit-elle, mais ce que vous me proposez est impossible. Tant que Bob et Jeanne seront à l'Université, je veux qu'ils aient leur maison à eux et qu'ils soient sûrs de m'y trouver à chaque fois qu'ils le voudront. C'est là une chose très importante pour des jeunes et que, vous autres, les aînés, vous avez tous eue. Et pour moi, elle est importante aussi. »

Ainsi, notre mère demeura chez elle et notre inquiétude subsista.

Et puis, vint l'entrée en guerre des États-Unis. Cinq des garçons furent mobilisés et s'en allèrent servir outre-mer. Maman parut vieillir brusquement et, pour la première fois, elle montra sa lassitude.

Elle écrivait à ses fils tous les jours et, le matin,

attendait le passage du facteur pour aller à New York.

Elle était plus occupée que jamais. Elle appartenait à la commission créée par le gouvernement pour la récupération et le plein-emploi de la main-d'œuvre dans les industries de guerre.

Et puis, elle se rendit à Providence pour présider au baptême d'un Liberty Ship portant le nom de notre père. Elle assista un peu plus tard à la remise du diplôme universitaire de Bob. Enfin, le jour vint où elle prit le train pour la faculté d'Ann Arbor où Jeanne venait, elle aussi, d'achever ses études supérieures.

Elle était assise à côté d'Anne, parmi la foule des parents, pendant la distribution des diplômes.

C'était certainement l'un des plus grands jours dans la vie de notre mère, car il symbolisait l'achèvement de son œuvre et la réalisation d'une promesse qu'elle s'était faite. Mais lorsque Anne songeait aux sacrifices qu'avait dû faire notre mère pour y parvenir, sa gorge se serrait.

Quand Jeanne monta sur l'estrade pour y recevoir son diplôme, Anne se tamponna les yeux avec son mouchoir.

« Jeanne ne se rend pas compte de ce que maman a fait pour elle, se disait-elle. D'ailleurs, aucun de nous ne s'en est jamais rendu compte. Moi pas plus que les autres... »

Soudain Jeanne aperçut sa mère et sa sœur et elle leur fit un signe joyeux en regagnant sa place.

« Mon Dieu, que papa serait donc fier », murmura Anne, se tournant vers notre mère.

Celle-ci ne répondit pas. Ses yeux étaient fermés. Au repos, son visage n'avait pas beaucoup changé, malgré les années.

Anne attendit un instant, puis lui donna un léger coup de coude.

« Tu n'es vraiment pas une femme ordinaire, dit-elle en la taquinant. Travailler comme une esclave pendant une vie entière pour envoyer tous ses enfants à l'Université et puis, quand tout est terminé, s'endormir tranquillement, le grand jour venu... C'est un peu fort. »

Maman ouvrit les yeux.

« Je ne dormais pas, murmura-t-elle. Je remerciais la Providence. »

Jeanne et Bob se marièrent l'année suivante. Ensuite vint la fin de la guerre et ce fut le retour des fils. Maman redevint légère et vive comme si le poids des années était brusquement tombé de ses épaules.

Elle décida que ce serait une excellente idée de réunir la famille entière afin que tout le monde pût fêter la libération des mobilisés en même temps qu'assister au baptême des trois enfants derniers-nés. Les trois cérémonies auraient ainsi lieu le même jour à l'église de Montclair.

On se rassembla des quatre coins du pays. Les uns descendirent chez notre mère tandis que les autres se logeaient chez ceux de nos frères et sœurs qui habitaient Montclair ou les environs.

Chez maman, la femme de ménage mit les rallonges à la table de la salle à manger, et le réfrigérateur se remplit de nouveau de biberons. La vaisselle de porcelaine disparut et prit le chemin d'étagères inaccessibles.

Tandis que maman baignait et poudrait nos enfants et qu'elle leur donnait leur lait ou leur bouillie, elle semblait plus gaie et plus heureuse que nous ne l'avions jamais vue depuis la mort de notre père. Le soir, quand venait le moment de laver la vaisselle, elle emmenait trois ou quatre des aînés dans la cuisine et ils l'aidaient à essuyer les assiettes. Des éclats de rire joyeux laissaient deviner que maman racontait quelque bonne histoire du temps où nous-mêmes étions petits. Et quelquefois s'élevaient les vieux airs qu'elle nous avait appris et que nous avions enseignés à nos enfants.

Le jour du baptême, l'on se rendit à l'église à pied. Le cortège se composait non seulement de nous tous, mais aussi de nos maris et de nos femmes qu'accompagnaient nos quinze enfants.

On nous avait réservé des bancs devant l'autel. Nous avançâmes dans la nef en faisant le moins de bruit possible. Mais nous étions si nombreux et maman connaissait tant de gens que notre entrée fit sensation. Notre mère conduisait le cortège, solennelle et droite comme un chêne. L'on eût dit qu'elle était fière de nous et de ses petits-enfants. Nous souhaitions de tout notre cœur qu'il en fût ainsi.

La cérémonie commença. L'orgue retentit, et son chant déferla sur l'assistance en vagues majestueuses. Puis il y eut un silence et le pasteur se mit à prier. Trois des garçons s'avancèrent ensuite avec leurs femmes, portant les bébés dans leurs bras.

Pour nous tous, il sembla brusquement que les années s'effaçaient et nous crûmes revivre notre enfance.

Lorsque nous étions petits, il y avait en général un baptême chaque année dans la famille. Et, bien que notre père eût de ce genre de cérémonie une expérience infiniment plus grande que la moyenne des hommes, les baptêmes avaient le don de le mettre dans tous ses états.

Je pense que peu de martyrs sur le chemin du supplice arborèrent jamais un air aussi persécuté que notre père lorsqu'il quittait la maison, un bébé sur les bras, pour se rendre à un baptême.

En temps ordinaire, il ne se risquait guère à tenir un bébé, redoutant de lui faire mal ou de le laisser tomber. Aussi le portait-il toujours fort maladroitement sans oser le serrer – ce dont le marmot profitait pour se tortiller jusqu'à ce que ses langes lui passent par-dessus la tête. Alors papa essayait de remettre le tout en place, mais il ne réussissait qu'à gâter les choses davantage encore. Finalement, maman devait venir à son secours.

Les jours de baptême, quand il se tenait devant l'autel avec notre mère, on eût toujours dit qu'il avait peur de présenter le bébé la tête en bas et les pieds en l'air – ce qui eût fort embarrassé le pasteur.

Nous autres les aînés, nous étions assis dans les tribunes, mêlés aux enfants du catéchisme, redoutant ce qui allait se passer et sachant que nous ne pourrions rien empêcher.

Nous avions en effet l'habitude de nous conduire d'une manière déplorable en ces jours de baptême.

Tandis que le bébé gigotait et se débattait dans les bras de papa, plus mal à l'aise que jamais, le ridicule de la situation nous apparaissait clairement.

Et puis, tout à coup, l'un de nous prenait le fou rire et quelques instants après il explosait, incapable de se contenir. De proche en proche, ceux d'entre nous qui entendaient ces gloussements ne pouvaient se défendre d'en faire autant. Et c'est ainsi que les gens assis dans la nef se retournaient et levaient la tête vers nous, indignés.

Or, l'un des trois bébés que l'on baptisait ce jour-là (c'était la fille de Bob) se démenait justement comme un beau diable dans les bras de son père. Soudain, sa robe commença à remonter par-dessus sa tête. Bob baissa les yeux vers elle, l'air affolé. L'espace d'un éclair, nous crûmes revoir notre père et nous redevînmes les petits enfants que nous étions autrefois, assis sur les bancs du catéchisme.

C'est alors qu'une pensée épouvantable traversa l'esprit d'Ernestine. « Pourvu que je ne me mette pas à rire ! » songea-t-elle, terrifiée. Pour un enfant, c'était déjà se tenir fort mal. Mais que dire dans le cas d'une grande personne, elle-même mère de famille ? Bien sûr, il n'en était pas question, et Ernestine se rassura : les adultes savaient dominer leurs impulsions et jamais ils n'eussent osé se donner ainsi en spectacle.

La fille de Bob se tortillait à présent comme un ver, et l'on vit son père la regarder avec inquiétude, comme ne sachant plus où trouver sa tête dans le fouillis des volants, rubans et dentelles qui ornaient la robe de baptême.

C'est alors qu'Ernestine explosa. Elle eut beau mettre sa main devant sa bouche. L'éclat de rire passa par son nez et retentit comme une sorte de ronflement dans toute l'église.

Le mari et les enfants d'Ernestine la regardèrent, stupéfaits. Maman courba le dos d'un geste instinctif et continua à regarder droit devant elle, comme si Ernestine avait été une étrangère fourvoyée parmi nous.

Ernestine essaya de se mordre les lèvres mais ce fut en vain : elle riait à en pleurer. Et les uns après les autres, nous en fîmes tous autant. Notre mère elle-même pouffait dans son mouchoir, bien qu'ensuite elle s'en défendît jalousement. Mais la scène avait eu des témoins.

Cependant, l'hilarité gagna bientôt le reste de l'assistance, ainsi que le pasteur. Celui-ci, qui dirigeait la paroisse depuis de longues années, se rappelait lui aussi les baptêmes d'autrefois. Heureusement, la cérémonie était à peine commencée : il s'interrompit franchement et chercha son mouchoir sous son surplis afin de pouvoir s'essuyer les yeux.

Enfin, le calme revint et l'on baptisa les trois bébés. Après quoi, le pasteur monta en chaire. Il nous regarda. Nous étions consternés de ce qui s'était passé.

« Je ne sais, dit le pasteur, si je voudrais recommencer à vous enseigner le catéchisme à tous comme je l'ai fait ici pendant si longtemps. Je ne suis plus jeune et vous étiez des enfants terribles. Mais c'est une grande joie pour moi que de vous accueillir aujourd'hui dans cette église. C'est en vérité une grande joie de vous voir tous réunis... »

Nous jetâmes un coup d'œil vers notre mère pour voir comment elle appréciait ces paroles et nous comprîmes brusquement pourquoi elle tenait à vivre seule : sa solitude lui plaisait.

En effet, maman hochait la tête, approuvait le pasteur. Elle non plus ne voulait pas recommencer... Il lui avait suffi d'élever une génération.

Elle regardait le pasteur comme si les mots qu'il venait de prononcer lui avaient été pris dans la bouche.

Notre mère habite toujours le même appartement. À soixante-dix ans, elle a abandonné sa chaire d'université, mais n'en est pas plus oisive pour cela.

Ceux d'entre nous qui habitent la côte du Pacifique reçoivent sa visite quatre ou cinq fois par an, à l'occasion des conférences qu'elle vient donner dans cette région. Quant à nous qui habitons Montclair ou les environs, nous passons souvent chez elle le soir après dîner. Pendant ses absences, nous trions son courrier et lui faisons suivre les plis urgents.

Lorsqu'elle part en voyage, maman nous donne toujours la liste de ses hôtels et des amis chez qui elle doit descendre en cours de route. En fin de liste, elle inscrit toujours ces mots :

Si vous avez besoin de moi, appelez-moi. Je viendrai.

TABLE

Composition JOUVE - 53100 Mayenne
N° 293435w
Imprimé en Espagne par LITOGRAFIA ROSES
32.02.2899.6/01 - ISBN : 978-2-01-322899-2
Loi n° 49 -956 du 16 juillet 1949 sur les publications destinées à la jeunesse
Dépôt légal : mai 2010